단국한국어 1-가

단국한국어 1-가

Student's Book

홍승아·강아영·신정아·허성령

단국대학교출판부

머리말

Preface

단국대학교 글로벌교육센터는 우수하고 매력 넘치는 강사진, 아름다운 캠퍼스, 다양한 편의 시설 및 프로그램으로 여러 국가에서 온 학생들에게 사랑 받는 한국어 교육 기관입니다. 우리 센터에서 그동안 축적해온 한국어 교육의 성과와 노하우를 바탕으로 시대변화와 단국대학교의 장점을 반영한 새로운 교재를 편찬하게 되었습니다. 새 교재『단국한국어』를 통해 더 많은 학생들이 한국어를 쉽고 재미있게 배우는 계기가 되기를 바랍니다.

이 교재의 집필은 한국어 교육 분야에서 오래도록 연구와 교육을 해 오신 홍승아 교수님을 필두로 단국대학교 글로벌교육센터의 선생님들께서 해 주셨습니다. 한국어 교재의 전문성을 기반으로 단국대학교 글로벌교육센터에서 공부하는 학생들의 요구와 특성을 반영하여 한국어 교육의 효율성을 극대화하고자 하였습니다.

『단국한국어』는 학습자들이 주제와 문법, 기능을 조화롭게 학습할 수 있도록 하는 데에 중점을 두었습니다. 교재는 말하기 연습을 중심으로 다양한 활동을 구성하여 유창성을 높일 수 있도록 하였고, 워크북은 학습한 문법과 표현을 읽고 쓰면서 정확성을 높이도록 하였습니다. 또한 각 급의 가권과 나권의 마지막에 학습한 내용을 확인하는 종합 평가를 넣어 한국어 교육 기관에서 중간시험이나 기말시험으로 사용할 수 있도록 하였습니다. 시험 문항의 형식은 한국어능력시험(TOPIK)과 유사하게 구성하여 학습자들이 학습한 성과를 확인하는 동시에 한국어능력시험의 형식에 익숙해지도록 하였습니다.

『단국한국어』는 목표 문법과 표현 선정에 현대 한국어에서의 실제 사용 빈도와 중요성을 모두 고려하였습니다. 또한 TIP에서 줄임말, 예외적인 사용, 추가로 사용가능한 표현 등을 풍부하게 제공하여 학습자들이 자연스러운 대화를 발화할 수 있게 하였습니다. 책을 매일 사용할 한국어 교사와 학생의 편리함을 위하여 교재와 워크북을 하나의 책 안에 넣고, 워크북을 별도로 소지하고 싶어하는 학습자를 위하여 워크북의 분리도 가능하게 하였습니다.

이 교재의 기획에서 편찬까지 많은 분들이 도와주셨습니다. 글로벌교육센터의 교육의 질 제고가 가장 중요하다는 점을 강조하시며 지원을 아끼지 않으신 단국대학교 안순철 총장님과 교재 집필에 어려운 문제가 있을 때마다 문제를 해결해 주신 김재일 대외부총장님, 조한승 처장님께 특별히 감사의 말씀을 전합니다.

교재의 음원 제작을 위해 수고해 주신 김하늘 성우님과 황영국 학생, 그리고 음원 관리 및 녹음을 도와준 안지희 조교님께도 감사드립니다. 정확한 발음과 상황에 맞는 발화로 질 높은 음원을 갖게 되어, 이 교재로 공부하는 학생들은 세련되고 고급스러운 한국어를 구사할 수 있게 되리라 기대합니다. 세련된 감각으로 직관적인 삽화를 만들어준 윤예원 디자이너님에게도 감사의 말씀을 전합니다. 무엇보다 교재 출간을 위해 힘써주신 성두현 팀장님과 단국대학교출판부에도 감사의 말씀을 전합니다.

새로 편찬된 『단국한국어』는 단국대학교 구성원의 협업과 노력의 결과입니다. 이 교재가 "단국을 넘어 세계로" 나아가 더 많은 사람들이 『단국한국어』와 함께 한국어와 한국문화를 배우는 기회를 갖게 되길 바랍니다. 어려운 상황 속에서도 교재 집필과 검토를 함께해 주신 글로벌교육센터의 선생님들께 다시 한번 깊이 감사드립니다.

2024년 여름에

단국대학교 국제처 글로벌교육센터장 유혜원

일러두기

How to Use This Book

『단국한국어』는 한국어를 처음 배우는 학습자도 쉽게 배울 수 있는 언어 기능 통합형 교재입니다. 『단국한국어 1-가』, 『단국한국어 1-나』는 각각 8개의 과로 이루어져 있으며 1과를 배우기 전 한글의 자음과 모음, 인사말 등을 충분히 익히고 연습할 수 있도록 구성되어 있습니다. 『단국한국어』 '1-가'와 '1-나'는 각각 100시간 분량으로 200시간의 정규 교육 과정에서 사용할 수 있는 교육 내용을 담고 있습니다. 기본적인 과별 구성은 아래와 같으며 학습자가 핵심 단어와 문법을 정확하고 유창하게 사용할 수 있도록 말하기 중심의 연습 문제를 담았습니다. 또한 곳곳에 'tip'을 제시하여 조금 더 실제적인 연습을 할 수 있도록 도왔습니다.

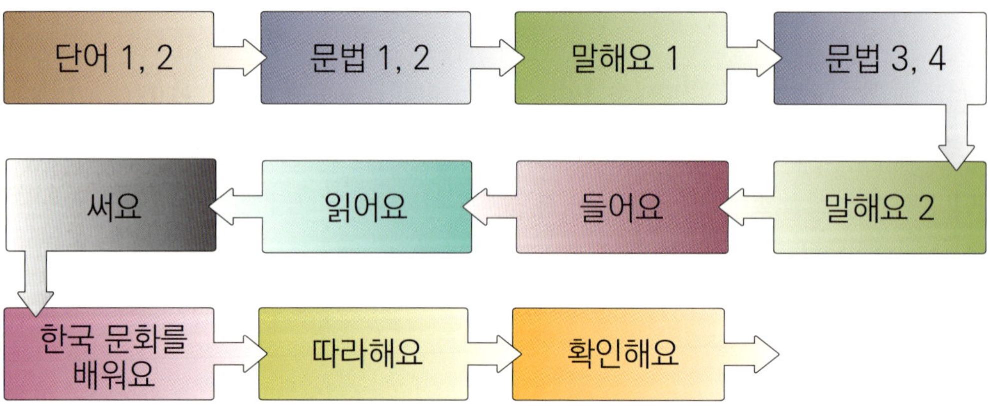

과의 제목

해당 과의 주제와 관련된 그림, 질문을 통해 학습자들은 배경 지식을 활성화할 수 있습니다.

해당 과를 배운 후에 학습자가 수행할 수 있는 목표입니다.

해당 과에서 배우는 4개의 문법을 확인할 수 있습니다.

그림을 통해 어휘의 의미를 직관적으로 이해할 수 있습니다.

위에서 배운 어휘를 사용해 말하기 연습을 합니다.

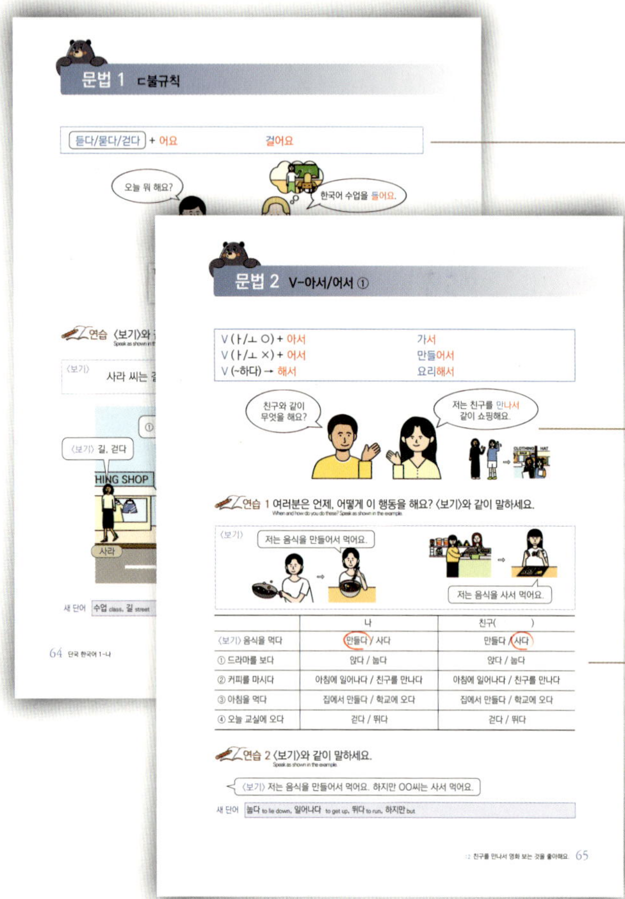

- 목표 문법의 형태를 제시합니다.
- 목표 문법이 사용되는 의사소통 상황을 그림과 함께 도입 및 제시합니다. 목표 문법의 의미와 규칙, 활용에 대한 자세한 설명은 부록의 '문법 설명'을 참고할 수 있습니다.
- 배운 문법을 사용해 말하기 연습을 합니다. 문법에 따라 연습1, 연습2로 분리되어 다양한 방식으로 연습할 수 있습니다.

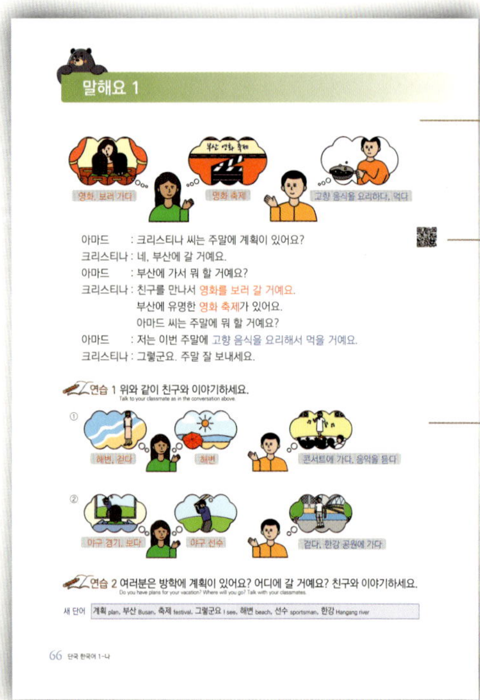

- 앞서 배운 문법 1, 2를 해당 과의 주제와 의사소통 상황에 맞게 사용해 말하기 연습을 할 수 있습니다.
- QR코드를 확인하면 음성을 들을 수 있습니다. 한국인들의 자연스러운 대화를 듣고 따라하거나 문제를 푸는 등 여러 활동을 할 수 있습니다. '말해요' 외에도 '들어요'와 '따라해요'에 QR코드가 수록되어 있습니다.
- 다른 어휘나 표현으로 교체하여 말하기 연습을 충분히 할 수 있습니다.

목표 문법의 형태를 제시합니다.

목표 문법이 사용되는 의사소통 상황을 그림과 함께 도입 및 제시합니다.

배운 문법을 사용해 말하기 연습을 합니다. 문법에 따라 연습1, 연습2로 분리되어 다양한 방식으로 연습할 수 있습니다.

각 과의 '단어'에서 다룬 어휘 외에 추가로 학습이 필요한 단어입니다. 새로운 단어가 제시된 각각의 페이지의 아래에 영어 번역과 함께 제시됩니다.

앞서 배운 문법 3, 4를 해당 과의 주제와 의사소통 상황에 맞게 사용해 말하기 연습을 할 수 있습니다.

다른 어휘나 표현으로 교체하여 말하기 연습을 충분히 할 수 있습니다.

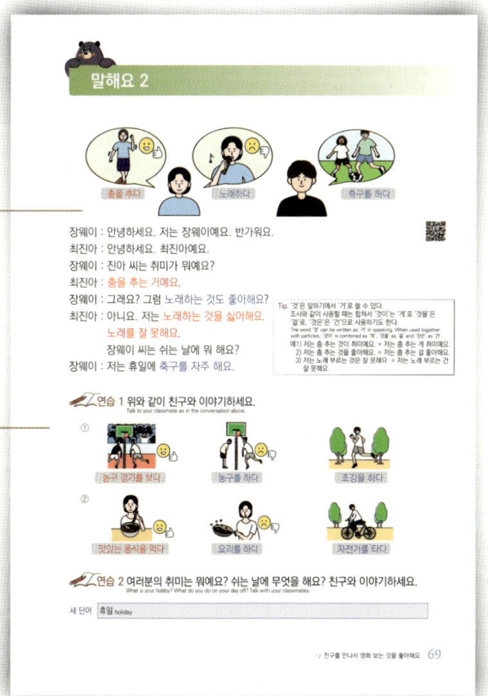

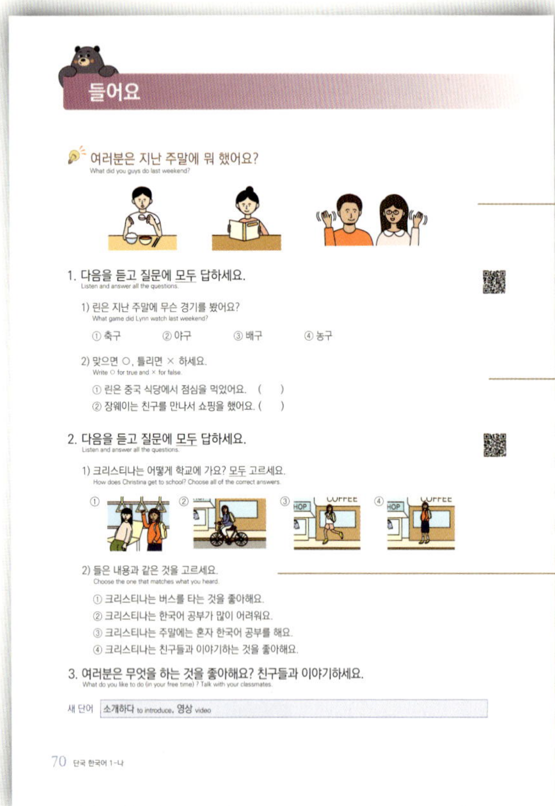

듣어요

여러분은 지난 주말에 뭐 했어요?
What did you guys do last weekend?

1. 다음을 듣고 질문에 모두 답하세요.
Listen and answer all the questions.

1) 린은 지난 주말에 무슨 경기를 봤어요?
What game did Lynn watch last weekend?
① 축구 ② 야구 ③ 배구 ④ 농구

2) 맞으면 ○, 틀리면 × 하세요.
Write ○ for true and × for false.
① 린은 중국 식당에서 점심을 먹었어요. ( )
② 장웨이는 친구를 만나서 쇼핑을 했어요. ( )

2. 다음을 듣고 질문에 모두 답하세요.
Listen and answer all the questions.

1) 크리스티나는 어떻게 학교에 가요? 모두 고르세요.
How does Christina get to school? Choose all of the correct answers.

2) 들은 내용과 같은 것을 고르세요.
Choose the one that matches what you heard.
① 크리스티나는 버스를 타는 것을 좋아해요.
② 크리스티나는 한국어 공부가 많이 어려워요.
③ 크리스티나는 주말에는 혼자 한국어 공부를 해요.
④ 크리스티나는 친구들과 이야기하는 것을 좋아해요.

3. 여러분은 무엇을 하는 것을 좋아해요? 친구들과 이야기하세요.
What do you like to do (in your free time)? Talk with your classmates.

새 단어 | 소개하다 to introduce, 영상 video

70 단국 한국어 1-나

- 듣기 전 배운 내용이나 단어를 환기하면서 듣기 내용을 예측해 볼 수 있습니다.
- 해당 과의 주제와 관련된 실제적이고 유의미한 대화를 듣고 문제를 풀며 대화 내용을 파악합니다.
- 들은 내용을 학생들이 자신에 대한 이야기로 바꿔서 말하는 연습입니다. 학생들이 스스로 생각하면서 내용을 다시 환기하고 연습을 할 수 있습니다.

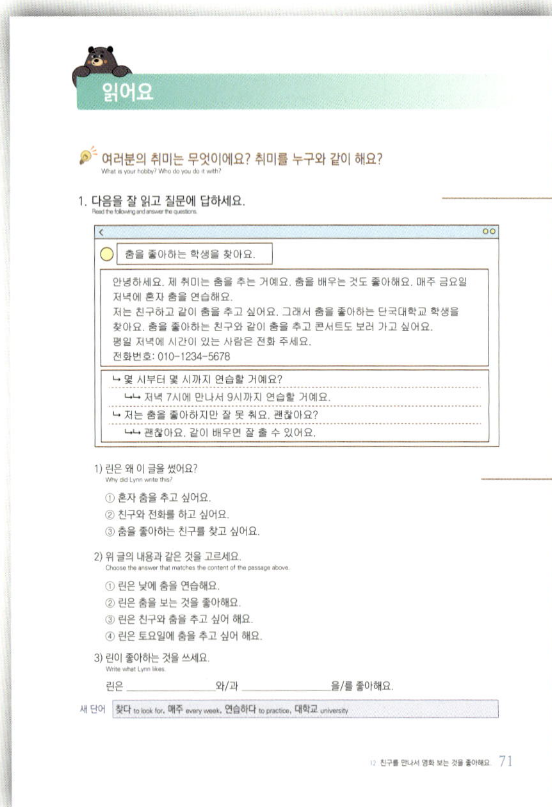

읽어요

여러분의 취미는 무엇이에요? 취미를 누구와 같이 해요?
What is your hobby? Who do you do it with?

1. 다음을 잘 읽고 질문에 답하세요.
Read the following and answer the questions.

춤을 좋아하는 학생을 찾아요.

안녕하세요. 제 취미는 춤을 추는 거예요. 춤을 배우는 것도 좋아해요. 매주 금요일 저녁에 혼자 춤을 연습해요.
저는 친구하고 같이 춤을 추고 싶어요. 그래서 춤을 좋아하는 단국대학교 학생을 찾아요. 춤을 좋아하는 친구와 같이 춤을 추고 콘서트도 보러 가고 싶어요.
평일 저녁에 시간이 있는 사람은 전화 주세요.
전화번호: 010-1234-5678

↳ 몇 시부터 몇 시까지 연습할 거예요?
↳ 저녁 7시에 만나서 9시까지 연습할 거예요.
↳ 저는 춤을 좋아하지만 잘 못 춰요. 괜찮아요?
↳ 괜찮아요. 같이 배우면 잘 출 수 있어요.

1) 린은 왜 이 글을 썼어요?
Why did Lynn write this?
① 혼자 춤을 추고 싶어요.
② 친구와 전화를 하고 싶어요.
③ 춤을 좋아하는 친구를 찾고 싶어요.

2) 위 글의 내용과 같은 것을 고르세요.
Choose the answer that matches the content of the passage above.
① 린은 낮에 춤을 연습해요.
② 린은 춤을 보는 것을 좋아해요.
③ 린은 친구와 춤을 추고 싶어 해요.
④ 린은 토요일에 춤을 추고 싶어 해요.

3) 린이 좋아하는 것을 쓰세요.
Write what Lynn likes.
린은 ________와/과 ________을/를 좋아해요.

새 단어 | 찾다 to look for, 매주 every week, 연습하다 to practice, 대학교 university

12 친구를 만나서 영화 보는 것을 좋아해요. 71

- 읽기 지문의 내용이나 배경 상황에 관련된 도입 질문으로 읽기 지문을 이해하는 데 도움이 됩니다.
- 학습자의 수준에 맞춰 다양한 유형의 글을 읽고 문제를 통해 학습자가 내용을 얼마나 이해했는지 확인합니다.

'써요'는 '읽어요'의 후 활동입니다.

학습자들은 쓰기 전 단계에서 글의 구성을 미리 준비할 수도 있습니다.

위에서 메모하거나 구성한 내용을 바탕으로 해당 과의 주제와 기능을 포함한 글을 학습자가 직접 쓸 수 있습니다. 학습자들은 글쓰기의 견본으로 앞 페이지에 나온 읽기 지문을 참고할 수 있습니다.

학생들이 완성한 글을 다른 학생들과 공유하여 같이 이야기를 나누는 활동입니다. 발표를 하거나 다른 학생이 쓴 글에 의견이나 정보를 더하면서 말하기 활동으로 확장시킬 수 있습니다.

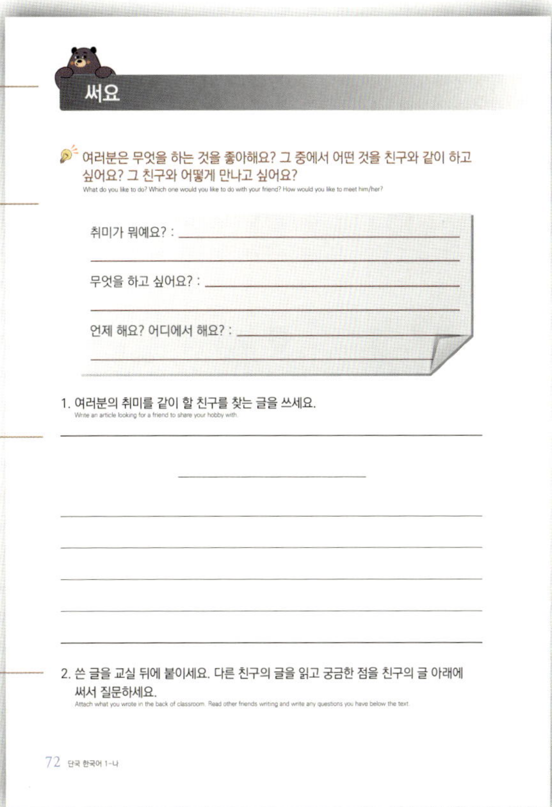

써요

여러분은 무엇을 하는 것을 좋아해요? 그 중에서 어떤 것을 친구와 같이 하고 싶어요? 그 친구와 어떻게 만나고 싶어요?
What do you like to do? Which one would you like to do with your friend? How would you like to meet him/her?

취미가 뭐예요? :

무엇을 하고 싶어요? :

언제 해요? 어디에서 해요? :

1. 여러분의 취미를 같이 할 친구를 찾는 글을 쓰세요.
Write an article looking for a friend to share your hobby with.

2. 쓴 글을 교실 뒤에 붙이세요. 다른 친구의 글을 읽고 궁금한 점을 친구의 글 아래에 써서 질문하세요.
Attach what you wrote in the back of classroom. Read other friends writing and write any questions you have below the text.

72 단국 한국어 1-나

해당 과와 관련되어 있는 다양한 한국 문화를 그림과 함께 간단히 소개합니다.

초급에서 필수적으로 알아야 하는 발음 규칙을 연습합니다. 발음을 연습하는 단어는 기본적으로 해당 과에서 학습한 단어를 제시합니다.

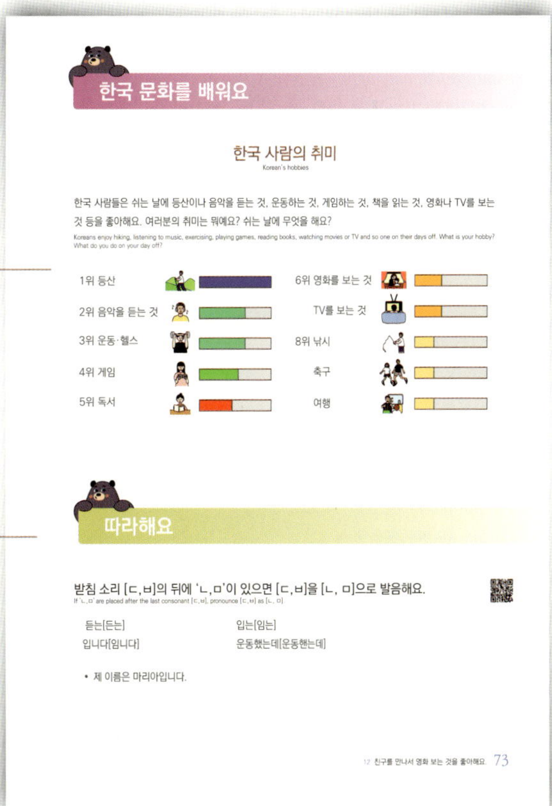

한국 문화를 배워요

한국 사람의 취미
Korean's hobbies

한국 사람들은 쉬는 날에 등산이나 음악을 듣는 것, 운동하는 것, 게임하는 것, 책을 읽는 것, 영화나 TV를 보는 것 등을 좋아해요. 여러분의 취미는 뭐예요? 쉬는 날에 무엇을 해요?
Koreans enjoy hiking, listening to music, exercising, playing games, reading books, watching movies or TV and so one on their days off. What is your hobby? What do you do on your day off?

따라해요

받침 소리 [ㄷ,ㅂ]의 뒤에 'ㄴ,ㅁ'이 있으면 [ㄷ,ㅂ]을 [ㄴ, ㅁ]으로 발음해요.
If 'ㄴ,ㅁ' are placed after the last consonant [ㄷ,ㅂ], pronounce [ㄷ,ㅂ] as [ㄴ, ㅁ].

듣는[든는] 입는[임는]
입니다[임니다] 운동했는데[운동핸는데]

- 제 이름은 마리아입니다.

12 친구를 만나서 영화 보는 것을 좋아해요. 73

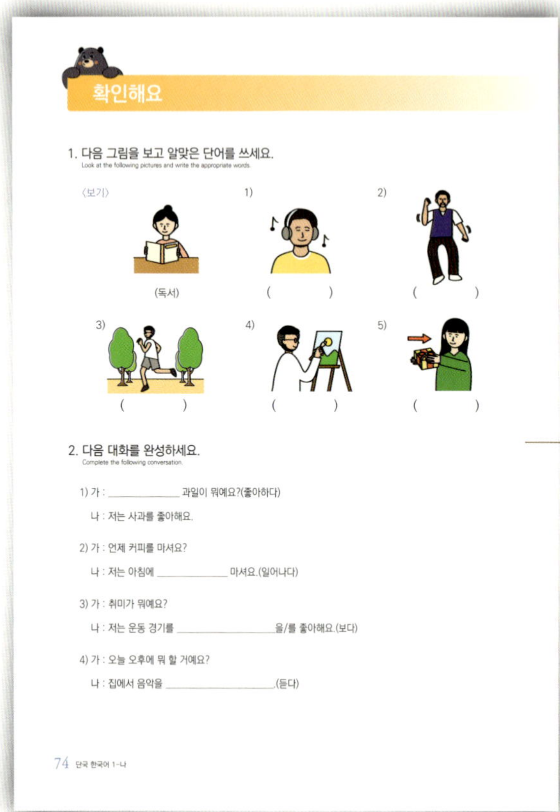

확인해요

1. 다음 그림을 보고 알맞은 단어를 쓰세요.
Look at the following pictures and write the appropriate words.

〈보기〉 (독서) 1) ( ) 2) ( )

3) ( ) 4) ( ) 5) ( )

2. 다음 대화를 완성하세요.
Complete the following conversation.

1) 가 : ____________ 과일이 뭐예요?(좋아하다)
나 : 저는 사과를 좋아해요.

2) 가 : 언제 커피를 마셔요?
나 : 저는 아침에 ____________ 마셔요.(일어나다)

3) 가 : 취미가 뭐예요?
나 : 저는 운동 경기를 ____________ 을/를 좋아해요.(보다)

4) 가 : 오늘 오후에 뭐 할 거예요?
나 : 집에서 음악을 ____________.(듣다)

74 단국 한국어 1-나

- 과별 학습 확인 : 1번에서는 단어 1, 2에서 학습한 단어 중 중요하거나 잊어버리기 쉬운 단어를 확인합니다. 2번에서는 해당 과에서 학습한 문법이나 표현을 한 번씩 연습하면서 확인할 수 있도록 4개의 문제로 구성되어 있습니다.

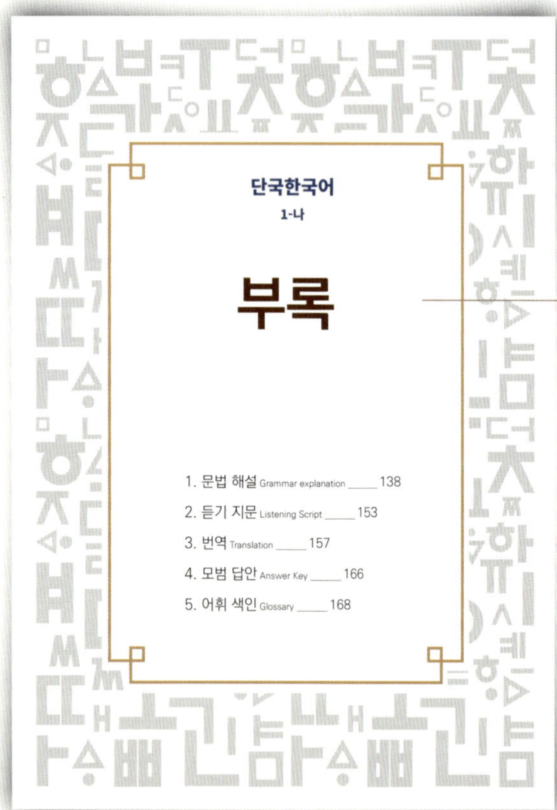

단국한국어
1-나

부록

- 문법 해설 : 이 교재에서 학습하는 문법 및 표현의 의미와 활용, 예시를 영어 번역과 함께 수록했습니다.
- 번역 : 교재 본단원의 ‘말해요’와 ‘들어요’, ‘읽어요’의 영어 번역이 수록되어 학생들의 이해를 돕습니다.
- 어휘 색인 : 교재 단어 1, 2에 나온 목표 학습 어휘 및 새 단어를 영어 번역과 함께 제시합니다. 가나다 순서로 제시한 색인과 과별로 품사 분류한 색인을 제공합니다.

차례
Table of Contents

교재 구성표

Scope and Sequence

단원	제목	주제	문법1, 2	말해요 1	문법 3,4
0	**한글 자모**				
1	**안녕하세요. 저는 장웨이예요.**	자기소개하기	N입니까?/N입니다 N은/는 ①	처음 만난 사람과 이름과 국적 묻고 답하기	N이에요/예요 N이/가 아니에요
2	**저는 가방이 있어요.**	가지고 있는 물건 말하기	N이/가 있어요/없어요 N과/와 N, N하고 N	가지고 있는 물건 말하기	N의 이거, 그거, 저거
3	**책상 위에 책이 있어요.**	위치 설명하기	N도 이/그/저 N	이/그/저 N을 활용해서 물건의 소유자 찾기	N에 있어요/없어요 N 개/명/권/대
4	**방에서 책을 읽어요.**	일과 말하기	V-아요/어요 N을/를	무엇을 하는지 말하기	N에서 안 V, V-지 않다
5	**모자가 귀여워요.**	특성 말하기	N이/가 A-아요/어요 'ㅂ'불규칙	방에 있는 물건의 특성 말하기	A/V-고 A/V ① A/V-지만
6	**저는 주말에 청소해요.**	시간과 날짜 말하기	시간 N부터 N까지	각국의 은행 영업 시간 말하기	날짜 N에
7	**내일 공원에 갈까요?**	제안하기	N에 가다/오다 V-을까요?/ㄹ까요?	약속 제안하기	'ㅡ'탈락 A/V-았어요/었어요
8	**비빔밥 한 그릇 주세요.**	주문하기	V-고 싶다 A/V-으니까/니까	먹은 음식 소개하기	V-으세요/세요 ① V-지 마세요

말해요 2	듣기	읽기	쓰기	문화	발음
처음 만난 사람과 이름과 국적, 직업 묻고 답하기	• 이름과 국적 말하기 • 직업 말하기 • 처음 만난 사람에게 자기소개 하기	자기소개	자기소개 쓰기	안녕하세요?	연음 1
이거, 그거, 저거를 사용해 물건의 주인 묻고 답하기	• 이거, 그거, 저거 • 가지고 있는 물건	친구가 가지고 있는 물건, 가지고 있지 않은 물건	친구에게 있는 것, 없는 것 쓰기	남사친과 여사친	'의' 발음
방에 있는 물건의 위치 말하기	• 교실의 학생 수 묻고 답하기 • 책상 주변에 있는 물건 위치 말하기	내 방 화장실에 있는 물건 소개하기	내 방에 있는 물건 소개하는 글쓰기	손으로 숫자를 세요	연음 2
무엇을 하고 무엇을 하지 않는지 말하기	• 다양한 장소에서 하는 일과 하지 않는 일	집에서 하는 일과 하지 않는 일	공원에서 하는 일과 하지 않는 일 쓰기	한국의 커피숍	경음화 1
특정 장소의 특성 말하기	• 대상의 상태나 특징	집 근처에 있는 마트가 어때요?	집 근처에 있는 것	한국의 와이파이	ㅎ탈락
하루 일과 말하기	• 시간, 날짜 확인하기	한국에서의 평일과 주말 일과	한국에서의 주말 일과 쓰기	지역번호	경음화 2
어제 한 일 말하기	• 지난 주말에 한 일 • 약속 제안하기	지난 주말의 일기	지난 주말의 일기 쓰기	밥 한번 먹어요!	비음화 1
식당에서 주문하기	• 친구에게 좋아하는 음료 소개하기 • 교실 규칙	좋아하는 음식 소개	좋아하는 음식 소개하는 글쓰기	한국의 돈	겹받침 1

등장인물
Characters

판야(28)
태국/회사원

서민우(33)
한국/회사원

마디나(34)
우즈베키스탄/회사원

박민지(32)
한국/루이스의 아내/의사

김우진(21)
한국/대학생(생활음악과)

마리아(22)
러시아/대학생(무용과)

린(23)
베트남/대학생(생활음악과)

장웨이(20)
중국/대학생(뉴뮤직과)

사라(21)
미국/어학원 학생

이지수(31)
한국/어학원 선생님

무함마드(22)
인도네시아/어학원 학생

호세(22)
멕시코/어학원 학생

엔흐진(23)
몽골/어학원 학생

아마드(31)
말레이시아/대학원생,
어학원 학생

크리스티나(26)
페루/대학원생,
어학원 학생

하루키(24)
일본/대학원생,
어학원 학생

루이스(30)
스페인/요리사, 대학원생, 어학원 학생

한글(Hangeul) 소개

• 한글이 뭐예요?

What's the Hangeul?

한글은 한국어를 표기하기 위해서 사용하는 문자입니다. 한글의 원래 이름은 백성을 가르치는 글이란 뜻을 가진 '훈민정음'입니다. 훈민정음은 입 모양과 조음 기관을 관찰한 후 소리 나는 대로 만든 표음문자로 원리만 알면 누구나 쉽게 익힐 수 있습니다.

Hangeul is the writing system used for the Korean language. The original name of Hangeul is "Hunminjeongeum", which means the proper sounds for the instruction of the people. Hunminjeongeum is a phonetic script designed to reflect the sounds of the spoken Korean language. It is based on the observation of shapes that the mouth and vocal argans form during speech. Anyone who understands the principles of how Hangeul was designed can easily learn it.

만든 사람과 만들어진 시기를 알 수 있다는 점이 다른 문자들과 다른 한글의 특징입니다.

What distinguishes Hangeul from other scripts is that its creator and creation date were well documented.

• 누가, 언제 만들었어요?

Who created Hangeul, and when was it created?

한글은 백성을 사랑하는 마음으로 세종대왕과 학자들이 만든 문자입니다. 훈민정음이라는 이름으로 한글이 만들어진 것은 1443년 음력 12월이고 이후에 글자를 다시 다듬고 자세한 풀이를 하여 1446년 음력 9월 10일, 『훈민정음』이라는 책으로 국민에게 널리 반포하였습니다. 현재, 이 날을 양력으로 환산하여 10월 9일을 한글날로 정하여 기념하고 있습니다.

Hangeul is a script created by King Sejong and a team of scholars with a heart for the people. Hangeul was first created under the name Hunminjeongeum in December 1443 according to the lunar calendar. After further refinement of the characters and detailed explanations, King Sejong published it on September 10, 1446 in an official book titled 'Hunminjeongeum.' Currently, October 9 is celebrated as Hangeul Day, with the date converted to correspond with the the solar calendar.

• 세종대왕은 왜 한글을 만들었을까요?
Why did King Sejong create Hangeul?

약 600년 전, 조선(한국의 옛날 이름)에서 사람들은 말은 있으나 말을 적어낼 글자가 없어 중국의 글자인 한자를 빌려 쓰고 있었습니다. 하지만 한자는 글자가 많고 어려워서 백성들은 배우기가 어려웠습니다. 세종대왕은 백성들이 글을 읽거나 쓰지 못하는 것을 매우 안타깝게 생각하였습니다.

About 600 years ago, in the Joseon dynasty of Korea, people used Chinese characters because they did not have their own alphabet for writing.

However, the Chinese language included a vast number of complex characters, so it was challenging for the average citizen to learn. King Sejong felt deeply sorry that his people were unable to read and Write.

세종대왕은 백성들을 바로 가르치려면 우리글과 책이 있어야 한다고 주장하였습니다. 그는 능력이 뛰어난 인재를 뽑아서 집현전에서 배우기 쉽고 사용하기 쉬운 글자를 만들도록 했습니다. 세종대왕 또한 학자들과 함께 오랜 시간 동안 조선의 말에 맞는 글자를 만들기 위해 노력하였습니다. 마침내 1443년에 한글이 완성되어 발표되자 백성들은 글을 쉽게 배울 수 있게 되었습니다.

King Sejong argued that Korea needed its own script in order to properly educate the people. He selected talented individuals and worked together at the Jiphyeonjeon to create a writing system that was easy to learn and use. King Sejong also worked with scholars for a long time to create letters that best suited the sounds of spoken Korean. Finally, Hangeul was completed and published in 1446, and since then, the people were able to learn to read and write more easily.

집현전

한글(Hangeul) 소개

• 한글은 어떻게 만들었어요?

How was Hangeul created?

한글의 모음은 점(·)과 가로(ㅡ), 세로(ㅣ)의 선으로 이루어져 있습니다. 이들은 각각 하늘, 땅, 사람의 모양을 형상화한 기본 글자입니다.

The vowels in Hangeul consist of a dot (·), a horizontal line (ㅡ), and a vertical line (ㅣ), representing heaven, earth, and humanity, respectively.

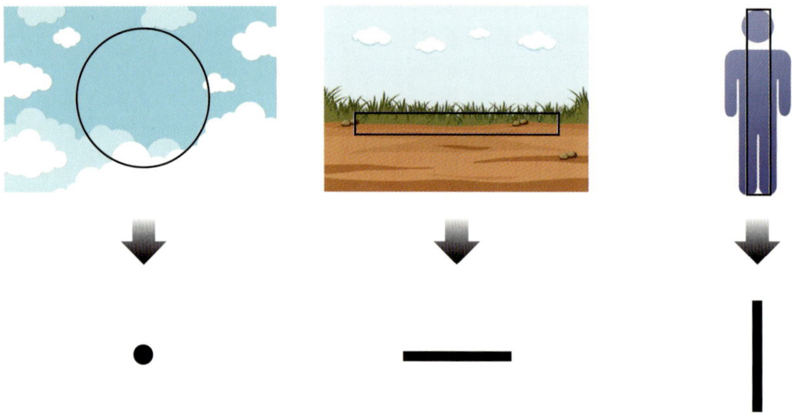

이 세 개의 기본 글자를 조합하여 다음과 같이 여러 모음을 만듭니다.

The combination of these three basic shapes creates multiple vowels as follows.

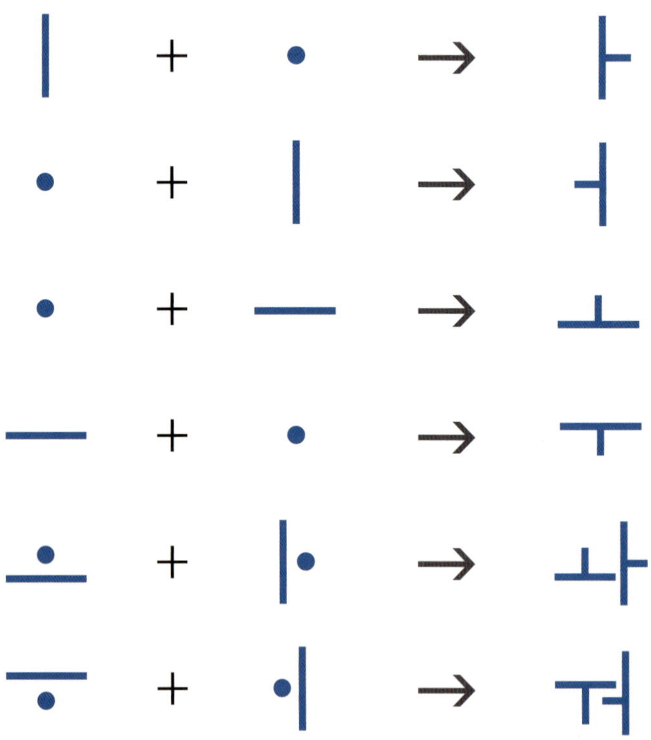

자음의 기본 글자는 ㄱ, ㄴ, ㅁ, ㅅ, ㅇ입니다. 이 글자들은 발음 기관의 모양을 본떠 만들었습니다. 그리고 기본 글자에 획을 추가하거나 같은 기본 글자 2개를 나란히 쓰는 방식으로 다른 자음을 만들었습니다.

The basic consonants are ㄱ, ㄴ, ㅁ, ㅅ, and ㅇ. These letters are modeled after the shapes of the vocal organs. And different consonants are made by adding strokes to these basic consonants or by writing two of the same basic consonants side by side.

조음 위치	기본 글자	획을 추가해서 만들 글자		같은 글자를 2개 써서 만들 글자
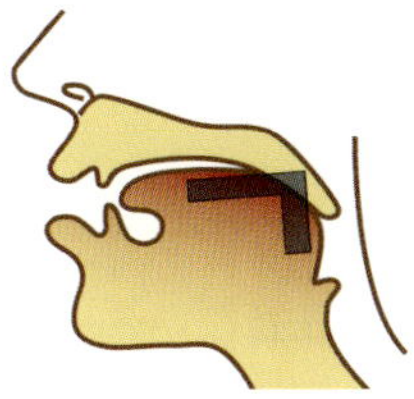	ㄱ		ㅋ	ㄱ + ㄱ → ㄲ
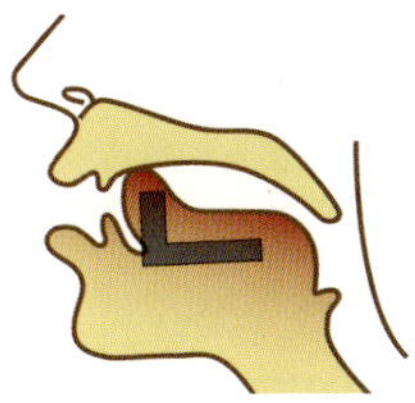	ㄴ	ㄷ ㄹ	ㅌ	ㄷ + ㄷ → ㄸ
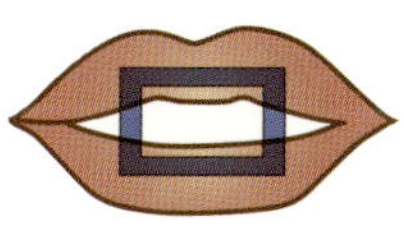	ㅁ	ㅂ	ㅍ	ㅂ + ㅂ → ㅃ
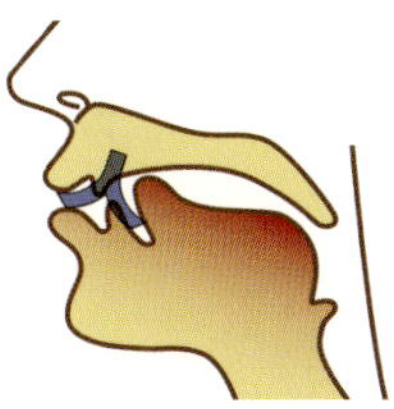	ㅅ	ㅈ	ㅊ	ㅅ + ㅅ → ㅆ ㅈ + ㅈ → ㅉ
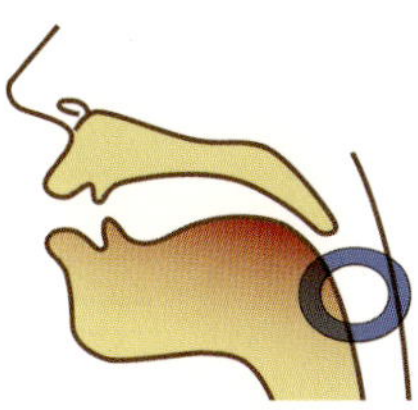	ㅇ		ㅎ	

한글(Hangeul) 소개

• 한글은 어떻게 사용하나요?

How is Hangeul used?

한글은 자음과 모음을 조합하여 음절을 만들고, 쓸 때는 음절 단위로 써야 합니다. 음절은 '모음', '자음+모음', '모음+자음', '자음+모음+자음' 네 가지로 나누어 집니다. 모음은 자음을 왼쪽에 쓰는 모음과 위쪽에 쓰는 모음이 있습니다.

Hangeul consists of a combination of consonants and vowels that form syllables. Hangeul must be written in complete syllable units when writing.

The syllable units are formed in four ways: 'vowel,' 'consonant+vowel,' 'vowel+consonant,' and 'consonant+vowel+consonant.' Vowels have 2 types: Vowels that uses a consonant on the left of it and Vowels that uses a consonant on the top of it.

C V	가, 너, 대, 랴	C V	모, 부, 쇼, 휴

한글의 음절은 자음의 자리와 모음의 자리가 정해져 있기 때문에 음절이 모음으로 시작될 때는 소리 없는 'ㅇ'을 자음 자리에 씁니다.

The positions of consonants and vowels are fixed in Korean syllables. Thus, when a syllable begins with a vowel, a silent 'ㅇ' is used in the consonant position.

	자음을 왼쪽에 쓰는 모음		자음을 위쪽에 쓰는 모음	
모음	V	아	V	오
자음 + 모음	C V	가	C V	구
모음 + 자음	V C	억	V C	음

모음 다음에 오는 자음은 '받침'이라고 하며 받침은 모음 아래에 씁니다.

Consonants that follow a vowel are called 'batchim,' and these consonants are written under the vowel.

	자음을 왼쪽에 쓰는 모음		자음을 위쪽에 쓰는 모음	
자음 + 모음 + 자음	C V C	단	C V C	국

한글을 배워요

1. 모음 1

글 자	ㅏ	ㅓ	ㅗ	ㅜ	ㅡ	ㅣ
소 리	[a]	[ə]	[o]	[u]	[ɯ]	[i]

연습 1 듣고 따라 하세요.
Listen and repeat.

아 어 오 우 으 이

연습 2 쓰세요.
Write.

아	아	아	아			
어	어	어				
오	오	오				
우	우	우				
으	으	으				
이	이	이				

한글을 배워요

연습 3 읽고 쓰세요.
Read and Write.

5	오 five	오		
	이 teeth	이		
	아이 child	아이		
	오이 cucumber	오이		

연습 4 듣고 맞는 소리를 찾으세요.
Listen carefully and find the correct sound.

〈보기〉 아 / 오

1) 아 / 어　　2) 으 / 이

3) 오 / 어　　4) 아 / 오 / 어

5) 우 / 으　　6) 우 / 이 / 으

2. 자음 1

글 자	ㄱ	ㄴ	ㄷ	ㄹ	ㅁ	ㅂ	ㅅ	ㅇ	ㅈ	ㅎ
소 리	[k/g]	[n]	[t/d]	[r/l]	[m]	[p/b]	[s]	[ø/ŋ]	[ʧ/j]	[h]

연습 1 듣고 따라 하세요.
Listen and repeat.

가 나 다 라 마 바 사 아 자 하

연습 2 쓰세요.
Write.

	ㅏ	ㅓ	ㅗ	ㅜ	ㅡ	ㅣ
ㄱ	가					
ㄴ			노			
ㄷ						
ㄹ					르	
ㅁ		머				
ㅂ						
ㅅ						시
ㅇ						
ㅈ				주		
ㅎ						

한글을 배워요

연습 3 읽고 쓰세요.
Read and Write.

	가구 furniture	가구		
	고기 meat	고기		
	가수 singer	가수		
	누나 older sister	누나		
	나라 country	나라		
	나무 tree	나무		
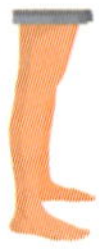	다리 leg	다리		
	도로 road	도로		
	라디오 radio	라디오		
	거리 street	거리		
	머리 head	머리		

	부모 parent	부모		
	모자 hat	모자		
	바나나 banana	바나나		
	바지 pants	바지		
	소 cow	소		
	소리 sound	소리		
	어머니 mother	어머니		
	아버지 father	아버지		
	지도 map	지도		
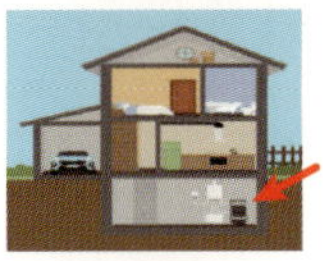	지하 underground	지하		
	허리 waist	허리		

한글을 배워요

[종합연습 1]

1. 선생님이 읽어 주는 단어를 찾아서 쓰세요.
Find and write down the words that your teacher reads for you.

다리

가구

아이

고기

바나나

오이

나무

아기

가수

나라

1) ______________________ 2) ______________________

3) ______________________ 4) ______________________

5) ______________________ 6) ______________________

7) ______________________ 8) ______________________

2. 읽으세요.
Read the words.

가수 / 고수	아이 / 아기	거리 / 머리
아버지 / 어머니	나라 / 나무	다리 / 도로

3. 모음 2

글 자	ㅑ	ㅕ	ㅛ	ㅠ
소 리	[ya]	[yə]	[yo]	[yu]

Tip. 이 모음들은 [이]를 짧고 약하게 소리낸 후 끊지 않고 바로 이어서 [아, 어, 오, 우]를 발음한다.
These vowels are produced by initially pronouncing a short and weak [이] sound, and then transitioning to the sound of [아, 어, 오, 우] without stopping.

연습 1 듣고 따라 하세요.
Listen and repeat.

야 여 요 유

연습 2 쓰세요.
Write.

야	야	야			
여	여	여			
요	요	요			
유	유	유			

연습 3 쓰세요.
Write.

	ㅑ	ㅕ	ㅛ	ㅠ
ㄱ		겨		
ㄷ				듀
ㅅ				

한글을 배워요

연습 4 읽고 쓰세요.
Read and Write.

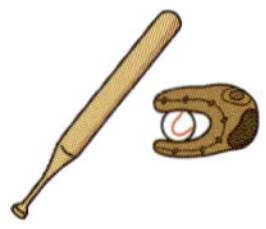	야구 baseball	야구		
	이야기 story	이야기		
	야자수 palm tree	야자수		
	여자 woman	여자		
	벼 rice	벼		
	혀 tongue	혀		
	요가 yoga	요가		
	요리 cooking	요리		
	교수 professor	교수		
	우유 milk	우유		
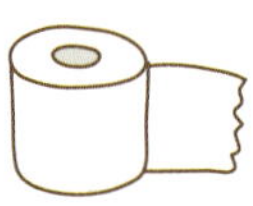	휴지 waste paper	휴지		

4. 자음 2

글 자	ㅋ	ㅌ	ㅍ	ㅊ
소 리	[kʰ]	[tʰ]	[pʰ]	[ʧʰ]

Tip. 이 자음들은 [ㄱ, ㄷ, ㅂ, ㅈ] 소리와 [ㅎ] 소리가 합해진 소리로, 입안의 공기를 아주 세게 밖으로 내보내면서 발음한다.

These consonants are the combination of the sounds [ㄱ, ㄷ, ㅂ, ㅈ] and [ㅎ], which should be pronounced by pushing the air out of the mouth with a strong puff.

연습 1 듣고 따라 하세요.
Listen and repeat.

카 타 파 차

연습 2 쓰세요.
Write.

	ㅏ	ㅓ	ㅗ	ㅜ	ㅡ	ㅣ	ㅑ	ㅛ
ㅋ	카							
ㅌ			토					
ㅍ					프			
ㅊ						치		

한글을 배워요

연습 3 읽고 쓰세요.
Read and Write.

	카드 card	카드		
	코 nose	코		
	타조 ostrich	타조		
	토마토 tomato	토마토		
	커피 coffee	커피		
	포도 grape	포도		
	표 ticket	표		
	파티 party	파티		
	기차 train	기차		
	치마 skirt	치마		
	고추 pepper	고추		

5. 자음 3

글 자	ㄲ	ㄸ	ㅃ	ㅆ	ㅉ
소 리	[k′]	[t′]	[p′]	[s′]	[ʧ′]

Tip. 이 자음들은 [ㄱ, ㄷ, ㅂ, ㅈ] 소리를 내면서 턱을 당기고 목에 힘을 줘서 성대를 긴장시키면서 발음한다.
These consonants are pronounced by tensioning the vocal cords with more force while producing the sounds of [ㄱ, ㄷ, ㅂ, ㅈ].

연습 1 듣고 따라 하세요.
Listen and repeat.

까 따 빠 싸 짜

연습 2 쓰세요.
Write.

	ㅏ	ㅓ	ㅗ	ㅜ	ㅡ	ㅣ	ㅕ	ㅛ
ㄲ	까							
ㄸ			또					
ㅃ					쁘			
ㅆ								
ㅉ						찌		

한글을 배워요

연습 3 읽고 쓰세요.
Read and Write.

	토끼 rabbit	토끼		
	코끼리 elephant	코끼리		
	따다 pick	따다		
	머리띠 headband	머리띠		
	뿌리 root	뿌리		
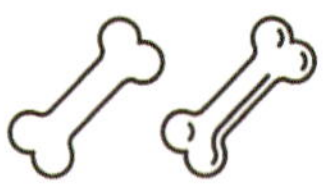	뼈 bone	뼈		
	아빠 daddy	아빠		
	싸다 cheap	싸다		
	아저씨 uncle	아저씨		
	짜다 salty	짜다		
	가짜 fake	가짜		

[종합연습 2]

1. 선생님이 읽어 주는 단어를 찾아서 연결하세요.
   Find the words that your teacher reads aloud and connect them in order.

이유 •

오빠 •

코 •

기차 •

• 우유

파티 •

• 찌다

벼 •

• 짜다

• 아빠

토끼 •

뼈 •

2. 읽으세요.
   Read the words.

1) 가 / 카 /까

2) 다 / 타 / 따

3) 바 / 파 / 빠

4) 사 / 싸

5) 자 / 차 / 짜

6) 여우 / 여유

한글을 배워요

6. 모음 3

글 자	ㅐ	ㅔ	ㅒ	ㅖ	ㅘ	ㅙ	ㅝ	ㅞ	ㅚ	ㅟ	ㅢ
소 리	[ɛ]	[e]	[yɛ]	[ye]	[wa]	[wɛ]	[wə]	[we]	[we]	[wi]	[ɰi]

Tip. 모음 'ㅐ'와 'ㅔ'는 다른 소리지만 현대의 한국 사람들은 두 소리를 모두 [ɛ] 로 발음한다. 'ㅒ'와 'ㅖ'도 다른 소리지만 모두 [yɛ]로 발음한다. 'ㅙ'와 'ㅞ', 'ㅚ'도 구분하지 않고 [wɛ]로 발음한다.

The vowels 'ㅐ' and 'ㅔ'are different sounds, but nowadays Koreans pronounce both sounds as [ɛ]. 'ㅒ' and 'ㅖ' are also different sounds, but they are all pronounced as [ye]. 'ㅙ', 'ㅞ', and 'ㅚ' are pronounced as [wɛ] without distinction.

연습 1 듣고 따라 하세요.
Listen and repeat.

애 에 얘 예 와 왜 워 웨 외 위 의

연습 2 쓰세요.
Write.

애	애		
에	에		
얘	얘		
예	예		
와	와		
왜	왜		

워	워		
웨	웨		
외	외		
위	위		
의	의		

연습 3 읽고 쓰세요.
Read and Write.

	배 ship	배		
	새 bird	새		
	게 crab	게		
	그네 swing	그네		
	카메라 camera	카메라		
	얘기 story	얘기		
	예쁘다 pretty	예쁘다		
	서예 calligraphy	서예		
	시계 clock	시계		
	세계 world	세계		
	사과 apple	사과		

한글을 배워요

	과자 snacks	과자		
	화가 painter	화가		
	왜 why	왜		
	돼지 pig	돼지		
	웨이터 waiter	웨이터		
	스웨터 sweater	스웨터		
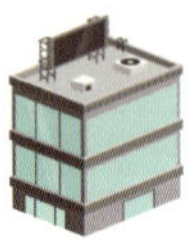	회사 company	회사		
	귀 ear	귀		
	가위 scissors	가위		
	의사 doctor	의사		
	의자 chair	의자		

[종합연습 3]

1. 잘 듣고 같으면 ○, 다르면 × 하세요.

Listen carefully and if they are the same, mark ○, if they are different, mark ×.

1) 나라 ( )

2) 애기 ( )

3) 시계 ( )

4) 과자 ( )

2. 잘 듣고 알맞은 것을 찾아 번호를 쓰세요.

Listen carefully, find the correct answer and write its number.

돼지	스웨터	카메라	의자	회사	개	귀
( )	( )	( )	( )	( )	( )	( )

3. 잘 듣고 〈보기〉와 같이 맞는 단어를 고른 후 쓰세요.

Listen carefully, choose the correct word, such as in the example, and write it down.

〈보기〉 자다 차다 → 차 다

1) 애기 얘기

2) 회의 호의

3) 가구 가게

4) 취미 치마

5) 어제 어깨

6) 세기 세게

한글을 배워요

4. 읽으세요.

Read the words.

7. 받침

받침글자	ㄱ,ㅋ,ㄲ	ㄴ	ㄷ, ㅌ, ㅅ, ㅆ, ㅈ ,ㅊ, ㅎ	ㄹ	ㅁ	ㅂ, ㅍ	ㅇ
소 리	[k˺]	[n]	[t˺]	[l]	[m]	[p˺]	[ŋ]

연습 1 들어 보세요.
Listen.

[k˺] 벽 부엌 밖

[n] 눈

[t˺] 곧 밑 옷 낮 꽃 히읗

[l] 달

[m] 곰

[p˺] 집 잎

[ŋ] 방

한글을 배워요

연습 2 듣고 따라 하세요.
Listen and repeat.

1) 목, 밖
2) 눈
3) 곧, 빗, 낮, 빛, 밑
4) 말
5) 잠
6) 밥, 숲
7) 공, 빵
8) 저녁, 부엌
9) 인사
10) 듣다, 찾다
11) 겨울
12) 감기
13) 무릎
14) 방긋

연습 3 듣고 맞는 것을 고르세요.
Listen and choose the correct answer.

1) 간 / 갈
2) 넉 / 넡
3) 둠 / 둥
4) 숨 / 술
5) 입 / 잇

연습 4 쓰세요.
Write.

	가	노	려	부	새	와	휘
ㄱ	각						
ㄴ							
ㄷ							
ㄹ							
ㅁ		놈					
ㅂ							
ㅅ							
ㅇ						왕	
ㅈ							
ㅊ							
ㅋ							
ㅌ							
ㅍ							
ㅎ							
ㅆ							

한글을 배워요

연습 5 읽고 쓰세요.
Read and Write.

	책 book	책		
	학교 school	학교		
	부엌 kitchen	부엌		
	돈 money	돈		
	레몬 lemon	레몬		
	우산 umbrella	우산		
	곧 soon	곧		
	빗 comb	빗		
	옷 clothes	옷		
	낮 daytime	낮		
	꽃 flower	꽃		

	딸기 strawberry	딸기		
	물 water	물		
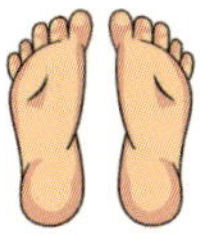	발 foot	발		
	곰 bear	곰		
	남자 man	남자		
	엄마 mommy	엄마		
	밥 boiled rice	밥		
	입 mouth	입		
	숲 forest	숲		
	가방 bag	가방		
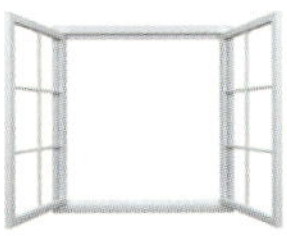	창문 window	창문		

한글을 배워요

연습 6 다음 단어를 읽고 받침의 소리가 같은 것끼리 쓰세요.
Read the following words and write them together with the same consonant sound.

사람	교실	사장	축구	빛	답	손	달	크림	무릎
마음	과일	수학	날씨	꽃	컵	책	맛	구름	고향
가격	히읗	엄마	침대	형	밤	문	숲	비옷	부엌

[종합연습 4]

1. 잘 듣고 알맞은 것을 고르세요.
Listen and choose the correct answer.

1) 곰 곤 궁
2) 단 달 담
3) 설 석 섯
4) 억 엇 언
5) 분 붐 붑

2. 잘 듣고 공통으로 들어갈 받침을 연결하세요.
Listen carefully and connect the common batchim.

1)	나□ 자	바 라□	•	• ㄴ
2)	가 바□	수 여□	•	• ㄹ
3)	사 지□	우 사□	•	• ㅇ
4)	과 이□	나□ 짜	•	• ㅁ
5)	바□	이□	•	• ㅂ

3. 잘 듣고 맞는 단어를 고른 후 쓰세요.
Listen carefully, choose the right word, and then write it.

〈보기〉 골 (곧) 곧

1) 시장 신장 □□
2) 갓 강 □
3) 사진 사질 □□
4) 달 담 □
5) 과일 과인 □□

4. 읽으세요.
Read the words.

다른 사람과 말해요.

Talk to other people.

한글을 배워요

교실에서 말해요.

Speak in the classroom.

수업 시간에 선생님이 말해요.

The teacher speaks in class.

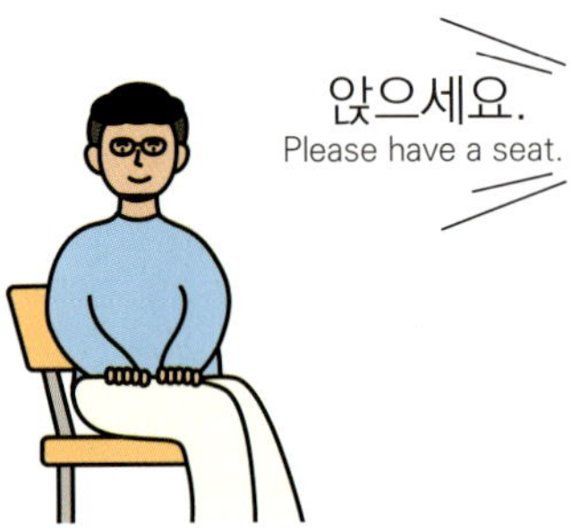

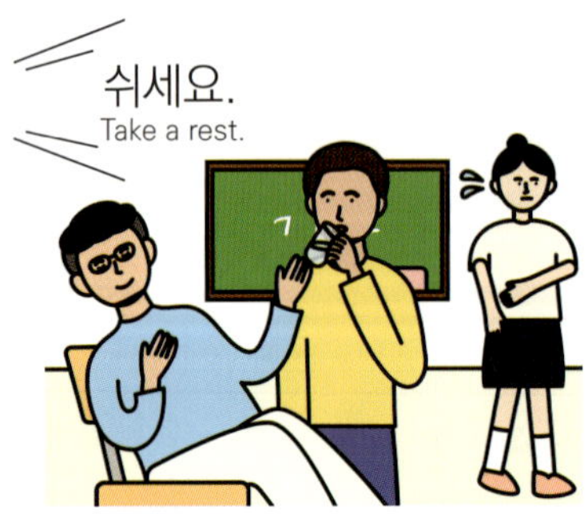

01 안녕하세요. 저는 장웨이예요.

- 이름이 뭐예요?
- 어느 나라 사람이에요?

학습목표 1. 나라와 직업을 말할 수 있다.
You will be able to talk about countries and occupations.

2. 자기소개를 할 수 있다.
You will be able to introduce yourself.

문 법 1. N입니까?/N입니다
2. N은/는 ①
3. N이에요/예요
4. N이/가 아니에요

단어 1

나라

한국

중국

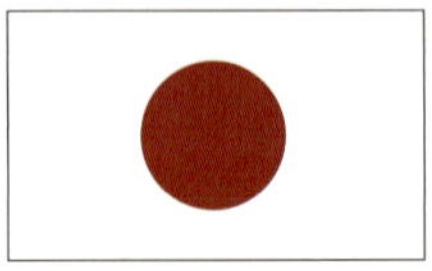
일본

몽골

러시아

인도네시아

스페인

미국

멕시코

사람

> **Tip.** 국적을 말할 때는 '나라+사람'으로 말한다.
> When you mention nationality, it is said as 'country + person'.
> 예) 한국 사람

연습 〈보기〉와 같이 말하세요.

Speak as shown in the example.

〈보기〉

① 

② 

③ 

④ 

⑤ 

⑥ 

⑦ 

⑧ 

새 단어 | 나라 country, 베트남 Vietnam, 말레이시아 Malaysia, 태국 Thailand

단어 2

직업

학생

선생님

회사원

의사

간호사

요리사

가수

배우

기자

경찰

연습 그림을 보고 〈보기〉와 같이 알맞은 단어를 찾아 연결하세요.

Look at the picture and connect it with the correct word as shown in the example.

〈보기〉  ·	· 회사원 ·	· ③ 
	· 학 생 ·	
①  ·	· 의 사 ·	· ④ 
	· 요리사 ·	
②  ·	· 선생님 ·	· ⑤ 
	· 경 찰 ·	

새 단어 | 직업 job

문법 1 N입니까?/N입니다

N입니까?	누구입니까?
N입니다	이지수입니다

연습 〈보기〉와 같이 친구와 이야기하세요.
Talk with a classmate as shown in the example.

〈보기〉

장웨이 / 중국 사람

가 : 누구입니까?
나 : 장웨이입니다.

가 : 어느 나라 사람입니까?
나 : 중국 사람입니다.

① 

김우진 / 한국 사람

② 

사라 / 미국 사람

③ 

판야 / 태국 사람

④ 

마리아 / 러시아 사람

⑤ 

호세 / 멕시코 사람

⑥ 

린 / 베트남 사람

새 단어 | 어느 나라 which country, 누구 who

문법 2 N은/는 ①

N (받침○) + 은　　　　사람은
N (받침×) + 는　　　　나라는

연습 〈보기〉와 같이 말하세요.
Speak as shown in the example.

〈보기〉

호세

호세(은/는) 멕시코 사람입니다.

①

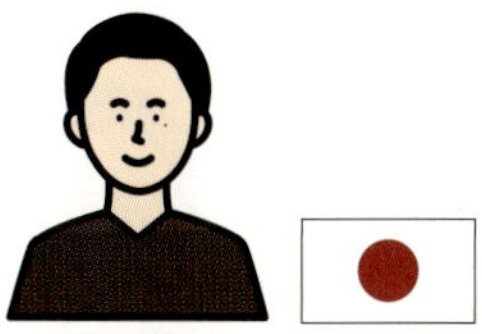
하루키

하루키(은/는) 일본 사람입니다.

②

선생님

선생님(은/는) 한국 사람입니다.

③

린

린(은/는) 베트남 사람입니다.

④

저(은/는) ____?____ 사람입니다.

새 단어 | 저 |

말해요 1

Tip. 다른 사람의 이름을 말할 때는 '이름+씨'로 말한다.
When you say someone else's name, use 'name + 씨.'
예) 김우진 씨(○), 우진 씨(○)　김 씨(×), 선생님 씨(×)

마리아 : 안녕하세요? 저는 마리아입니다.
장웨이 : 안녕하세요? 저는 장웨이입니다.
마리아 : 만나서 반갑습니다. 장웨이 씨.
장웨이 : 만나서 반갑습니다. 마리아 씨는 어느 나라 사람입니까?
마리아 : 저는 러시아 사람입니다. 장웨이 씨는 어느 나라 사람입니까?
장웨이 : 저는 중국 사람입니다.

연습 1 위와 같이 친구와 이야기하세요.
Talk to your classmate as in the conversation above.

연습 2 여러분도 친구와 인사하세요. 그리고 이름과 나라를 말하세요.
Say hello to your classmates. Introduce yourself with your name and country.

새 단어 | 만나서 반갑습니다 Nice to meet you, N 씨 Mr.(Ms.) N, 페루 Peru

문법 3 N이에요/예요

N (받침○) + 이에요	선생님이에요.
N (받침×) + 예요	배우예요?

Tip. 모르는 것을 처음 질문할 때 'N이/가 N입니까?', 'N이/가 N이에요/N예요?'로 말한다.
When you ask about something you don't know for the first time, say, 'N이/가 N입니까?', 'N이/가 N이에요/N예요?'.
예) 이름이 무엇입니까?, 직업이 뭐예요?

연습 〈보기〉와 같이 친구와 이야기하세요.
Talk with a classmate as shown in the example.

〈보기〉

장웨이 / 학생

가 : 이름이 뭐예요?
나 : 장웨이예요.

가 : 장웨이 씨는 학생이에요?
나 : 네, 학생이에요.

①

호세 / 경찰

②

김우진 / 기자

③

아마드 / 가수

④

마디나 / 회사원

새 단어 | 이름 name, 무엇(=뭐) what, 네 yes

문법 4 N이/가 아니에요

N (받침○) + 이 아니에요	한국 사람이 아니에요.
N (받침×) + 가 아니에요	가수가 아니에요.

Tip. 격식적으로 말할 때는 'N이/가 아닙니다'로 말한다.
When speaking formally, say 'N이/가 아닙니다'.
예) 저는 중국 사람이 아닙니다.

연습 〈보기〉와 같이 친구와 이야기하세요.
Talk with a classmate as shown in the example.

〈보기〉

가수×, 배우○

가 : 가수예요?
나 : 아니요, 저는 가수가 아니에요.
배우예요.

① 

몽골 사람×
멕시코 사람○

② 

학생×
선생님○

③ 

루이스×
무함마드○

④ 

김우진×
하루키○

새 단어 | 아니요 no

말해요 2

호세

린

호세 : 안녕하세요? 저는 호세예요.

린 : 안녕하세요? 저는 린이에요.

호세 : 린 씨는 일본 사람이에요?

린 : 아니요, 저는 일본 사람이 아니에요. 저는 베트남 사람이에요.
호세 씨는 회사원이에요?

호세 : 아니요, 저는 회사원이 아니에요. 학생이에요.

연습 위와 같이 친구와 이야기하세요.
Talk to your classmate as in the conversation above.

①

루이스

사라

②

박민지

마리아

③

크리스티나

김우진

새 단어 | 대학생 university student, 대학원생 graduate student

들어요

여러분은 어느 나라 사람이에요?
Which country are you from?

1. 다음을 듣고 질문에 답하세요.
Listen carefully to the following and answer the questions.

1) 누구예요?
Who is this person?

① 
중국

② 
멕시코

③ 
일본

2) 직업이 뭐예요?
What's this person's job?

① 

② 

③ 

2. 다음을 듣고 질문에 답하세요.
Listen carefully to the following and answer the questions.

1) 들은 내용과 같은 것을 고르세요.
Choose the same thing as what you heard.

① 크리스티나는 대학원생이에요.

② 아마드는 인도네시아 사람이에요.

③ 크리스티나는 페루 사람이 아니에요.

읽어요

이 사람의 직업이 뭐예요?
What's this person's job?

1. 다음을 읽고 명함에 이름, 나라, 직업을 쓰세요.
Read the following passage. Identify and write each person's name, country, and job on their business cards.

1) 안녕하세요. 저는 아마드예요.
말레이시아 사람이에요.

이름 :

나라 :

2) 안녕하세요. 저는 박민지예요.
의사예요.

이름 :

직업 :

3) 안녕하세요. 저는 엔흐진이에요.
저는 몽골 사람이에요. 배우가 아니에요.
학생이에요.

이름 :
나라 :
직업 :

2. 다음을 읽고 질문에 답하세요.
Read the following and answer the questions.

안녕하세요? 저는 루이스예요.
저는 스페인 사람이에요. 요리사예요.
만나서 반갑습니다.

1) 직업이 뭐예요?
What's thi s person's job?

① 

② 

③ 

2) 맞으면 ○, 틀리면 × 하세요.
If correct, write O. If incorrect, write X.

① 이름은 루이스예요. ( )

② 스페인 사람이 아니에요. ( )

써요

여러분에 대해 쓰세요.
Write about yourself.

이름 :

나라 :

직업 :

1. 여러분의 모습을 그리세요. 그리고 자기 소개를 쓰세요.
Draw a picture of yourself. And write a self-introduction.

2. 위의 글을 친구들 앞에서 발표하세요.
Present the above text in front of your classmates.

안녕하세요.
저는 ______________ 이에요/예요.
저는 ______________ 사람이에요.
직업은 ______________ 이에요/예요.
만나서 반갑습니다.

한국 문화를 배워요

안녕하세요?
Hello

한국 사람들은 자신보다 나이가 많은 사람에게는 허리를 굽히고 인사해요.
처음 만나는 사람에게는 고개를 숙이거나 악수를 하며 인사해요.
여러분 나라에서는 어떻게 인사해요?

When greeting another person, Korean people bow to those who are older than them.
When meeting someone for the first time, Korean people bow or shake hands to greet.
How do people say hello in your country?

따라해요

받침 뒤의 음절이 모음으로 시작하면 받침이 다음 음절의 첫소리로 발음돼요.
If there is an ending consonant before the following syllable that starts with a vowel, the ending consonant becomes the first sound of the initial consonant of the next syllable.

이름이[이르미]　　　선생님이[선생니미]
회사원이에요[회사워니에요]

- 직업은 회사원이에요.

확인해요

1. 다음 그림을 보고 알맞은 단어를 쓰세요.
Look at the following picture and write down the appropriate words.

〈보기〉 

(중국)

1) 

(　　　)

2) 

(　　　)

3) 

(　　　)

4) 

(　　　)

5) 

(　　　)

2. 다음 대화를 완성하세요.
Complete the following conversation.

1) 가 : 이름이 무엇 ____________________?
나 : 저는 마리아입니다.

2) 가 : 호세 씨는 직업이 뭐예요?
나 : 저는 학생____________________.

3) 가 : 어느 나라 사람입니까?
나 : 저______ 멕시코 사람입니다.

4) 가 : 하루키 씨는 가수예요?
나 : 아니요, 저는 ____________________.

02 저는 가방이 있어요.

- 누구예요?
- 누구의 가방이에요?

학습목표 1. 가지고 있는 물건을 말할 수 있다.
You will be able to talk about the items you have.

2. 물건과의 거리에 따라 다르게 지시할 수 있다.
You will be able to instruct differently depending on the distance from the object.

문 법 1. N이/가 있어요/없어요
2. N과/와 N, N하고 N
3. N의
4. 이거, 그거, 저거

단어 1

물건 1

가방

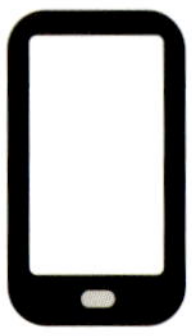

휴대폰

돈

지갑

카드

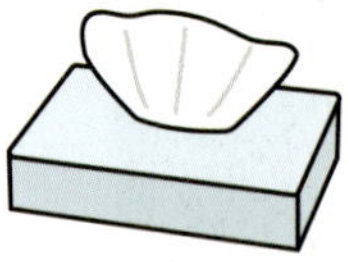

휴지

필통

우산

열쇠

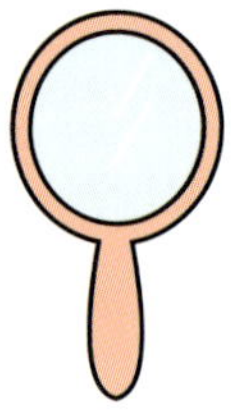

거울

연습 〈보기〉와 같이 쓰고 친구와 이야기하세요.
Talk with a classmate as shown in the example.

〈보기〉 가 : 뭐예요?
나 : 휴대폰이에요.

새 단어 | 물건 thing(stuff)

단어 2

물건 2

연습 〈보기〉와 같이 쓰고 친구와 이야기하세요.
Talk with a classmate as shown in the example.

〈보기〉 가 : 뭐예요?
나 : 공책이에요.

문법 1 N이/가 있어요/없어요

N (받침○) + 이 있어요/없어요	돈이 있어요
N (받침×) + 가 있어요/없어요	시계가 없어요

Tip. 말할 때는 '이/가'를 생략할 수 있다. You can omit '이/가' when you speak.
예) 노트북 있어요?

연습 무엇이 있어요? 무엇이 없어요? 〈보기〉와 같이 친구와 이야기하세요.

What do you have? What don't you have? Talk with a classmate as shown in the example.

〈보기〉

가 : 무함마드 씨, 펜이 있어요?
나 : 네, 펜이 있어요.

가 : 휴지가 있어요?
나 : 아니요, 휴지가 없어요.

	무함마드		
펜	○		
휴지	×		
공책			
거울			
카드			

문법 2 N과/와 N, N하고 N

N (받침○) + 과	책상과 의자
N (받침×) + 와	의자와 책상
N하고 N	책상하고 의자

연습 1 〈보기〉와 같이 이야기하고 쓰세요.

Speak and write with your classmates as shown in the example.

	친구 이름	물건
〈보기〉	린	우산, 휴지
①		
②		
③		

연습 2 친구에게 무엇이 있어요? 〈보기〉와 같이 말하세요.

What does your classmate have? Speak as shown in the example.

〈보기〉 린 씨는 우산하고 휴지가 있어요.

말해요 1

호　세 : 엔흐진 씨, 우산이 있어요?
엔흐진 : 네, 우산이 있어요.
호세 씨는 무엇이 있어요?
호　세 : 저는 노트북하고 카메라가 있어요.
엔흐진 씨, 카메라가 있어요?
엔흐진 : 아니요, 저는 카메라가 없어요.

연습 무엇이 있어요? 무엇이 없어요? 위와 같이 친구와 이야기하세요.
What do they have? What don't they have? Talk to your classmate as in the conversation above.

①

엔흐진

사라

②

무함마드

크리스티나

③

____

____

문법 3 N의

N의	선생님의

Tip. 나의 물건을 말할 때는 '저의 N' 이라는 표현 대신에 '제 N'을 쓴다.
When you talk about your possession, use '제 N' instead of the expression '저의 N'.

연습 누구의 물건이에요? 〈보기〉와 같이 친구와 이야기하세요.

Whose item is it? Talk with a classmate as shown in the example.

〈보기〉

마리아, 공책

가 : 누구의 공책이에요?
나 : 마리아의 공책이에요.

① 

친구, 돈

② 

호세, 지갑

③ 

선생님, 가방

④ 

루이스, 열쇠

⑤ 

저, 우산

⑥ ?

,

새 단어 | 제 N my N, 친구 classmate, friend

문법 4 이거, 그거, 저거

> **Tip.** '이거,그거, 저거'를 격식체로 말하거나 글을 쓸 때는 '이것, 그것, 저것'을 사용한다.
> When you say or write '이거, 그거, 저거' in a formal way, you use '이것, 그것, 저것'.
> 예) 이거는 뭐예요? → 이것은 무엇입니까?

연습 교실에 있는 물건 이름을 〈보기〉와 같이 쓰고 이야기하세요.

Write and talk about the names of items in the classroom as shown in the example.

〈보기〉

가: 이거는 뭐예요?
나: 그거는 공책이에요.

새 단어 | 쓰레기통 trash can

말해요 2

루이스 : 사라 씨, 그거는 누구의 가방이에요?
사　라 : 이거는 제 가방이에요.
루이스 : 이거는 서민우 씨의 지갑이에요?
사　라 : 네, 그거는 서민우 씨의 지갑이에요.

연습 위와 같이 친구와 이야기하세요.
Talk to your classmate as in the conversation above.

①

②

③

④

들어요

이것은 뭐예요?
What is this?

Tip. 어떤 대상의 한국어 이름을 알고 싶을 때 'N은/는 한국어로 뭐예요?'라고 말한다.
When you want to know the Korean name of something, you say 'N은/는 한국어로 뭐예요?'.
예) 이거는 한국어로 뭐예요?

1. 다음을 듣고 내용과 같은 그림을 고르세요.
Listen to the following passage, and choose the picture that matches the content.

① 

② 

③ 

2. 다음을 듣고 질문에 모두 답하세요.
Listen below and answer all the questions.

1) 장웨이는 무엇이 있어요?
What does Zhang Wei have?

① 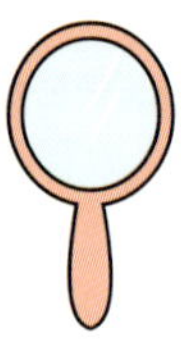

② 

③ 

④ 

2) 마리아는 무엇이 있어요? 쓰세요.
What does Maria have? Write down what Maria has.

______________________, ______________________

새 단어	한국어 Korean

읽어요

이것은 누구의 지갑이에요?
Whose wallet is this?

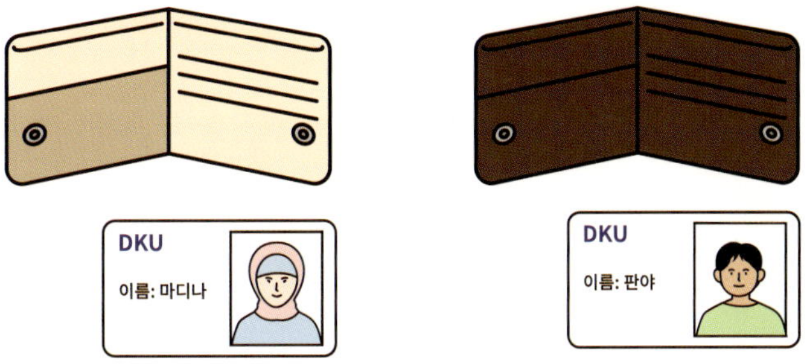

1. 다음을 읽고 질문에 답하세요.
Read the following and answer the questions.

이거는 린 씨의 가방이에요.
린 씨는 지갑하고 카드가 있어요.

이거는 무함마드 씨의 가방이에요.
무함마드 씨는 카드가 없어요.
무함마드 씨는 카메라하고 사진이 있어요.

1) 내용과 같은 것을 고르세요.
Choose the statement that is the same as the content.

① 린은 카드가 있어요.
② 린은 카메라가 있어요.
③ 무함마드는 카드가 있어요.
④ 무함마드는 사진이 없어요.

2) 린은 무엇이 있어요? 모두 쓰세요.
What does Lynn have? Write down all of the items.

________________, ________________

2. 여러분의 가방에는 무엇이 있어요?
What's in your bag?

써요

친구에게 무엇이 있어요? 무엇이 없어요? 묻고 O, ×로 쓰세요.
Ask your classmates what they have and what they don't have and write O or X.

지갑	
휴지	
카메라	
휴대폰	
한국 친구	

1. 친구를 소개하고 친구에게 있는 것, 없는 것을 쓰세요.
   Introduce your classmates and write down what they have and don't have.

제 친구의 이름은

2. 위의 글을 친구들 앞에서 발표하세요.
   Present the above text in front of your classmates.

한국 문화를 배워요

남사친과 여사친

Male and female classmates

여러분은 친구가 있어요? 남자예요? 여자예요?

이성적인 감정이 없는 성별이 다른 친구를 '남자 사람 친구(남사친)', '여자 사람 친구(여사친)'라고 해요.

Do you have classmates? Are they male or female? Classmates of opposite genders, with no romantic feelings involved, are called "남자 사람 친구(남사친)" and "여자 사람 친구(여사친)".

따라해요

1) '의'가 첫 번째 음절에 있을 때는 [의]로 발음해요.

When '의' is in the first syllable, it is pronounced as [의].

의자[의자]　　　의사[의사]

2) '의'가 마지막 음절에 있거나 가운데 있을 때는 [이]나 [의]로 발음해요.

When '의' is in the last or middle syllable, it is pronounced as [이] or [의].

주의[주이/주의]　　　창의적[창이적/창의적]

3) 소유를 나타내는 '의'는 [에]로 발음해요.

'의' that represents possession is pronounced as [에].

린 씨의 책[린 씨에 책]　　　친구의 가방[친구에 가방]

- 린 씨의 책이 의자 위에 있어요.

확인해요

1. 다음 그림을 보고 알맞은 단어를 쓰세요.
Look at the following picture and write down the appropriate words.

〈보기〉

(연필)

1)

(   )

2)

(   )

3)

(   )

4)

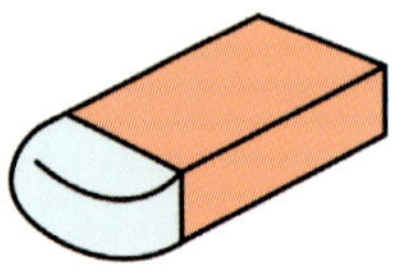

(   )

5)

(   )

2. 다음 대화를 완성하세요.
Complete the following conversation.

1) 가 : 이거 뭐예요?

나 : _______ 제 펜이에요.

2) 가 : 누구____ 가방이에요?

나 : 호세 씨_____ 가방이에요.

3) 가 : 누구예요?

나 : 린 씨___ 선생님이에요.

4) 가 : 무엇이 있어요?

나 : 카메라____ 노트북____ ___________.

03 책상 위에 책이 있어요.

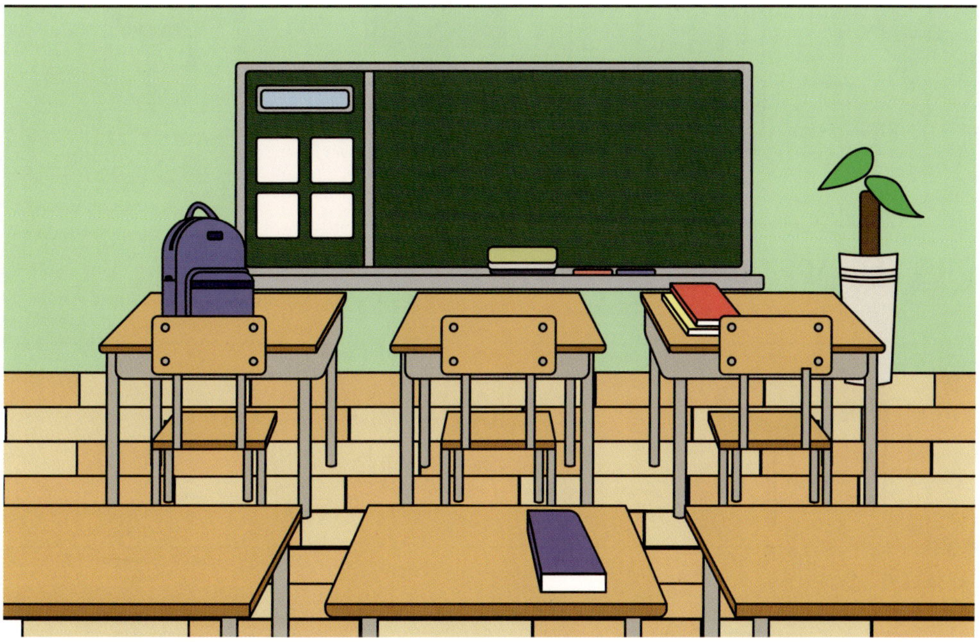

- 여기는 어디예요?
- 교실에 뭐가 있어요?

학습목표 1. 물건의 위치를 말할 수 있다.
You will be able to tell the location of an object.

2. 숫자를 셀 수 있다.
You will be able to count numbers.

문　법 1. N도
2. 이/그/저 N
3. N에 있어요/없어요
4. N 개/명/권/대

단어 1

교실

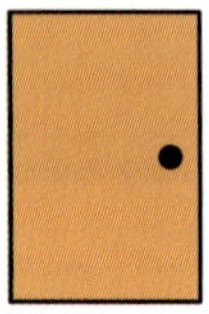

문

창문

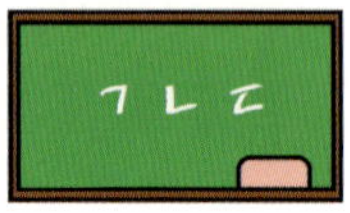

칠판

시계

지도

달력

컴퓨터

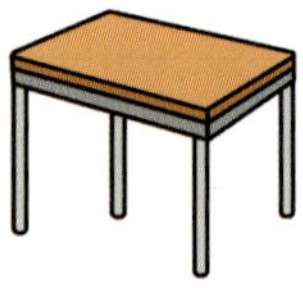

책상

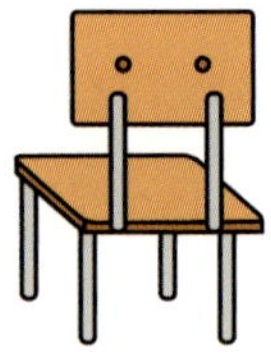

의자

연습 〈보기〉와 같이 쓰고 이야기하세요.

Write as shown in the example and speak.

〈보기〉

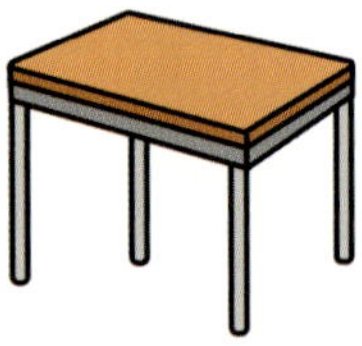

가 : 이거는 뭐예요?
나 : 책상이에요.

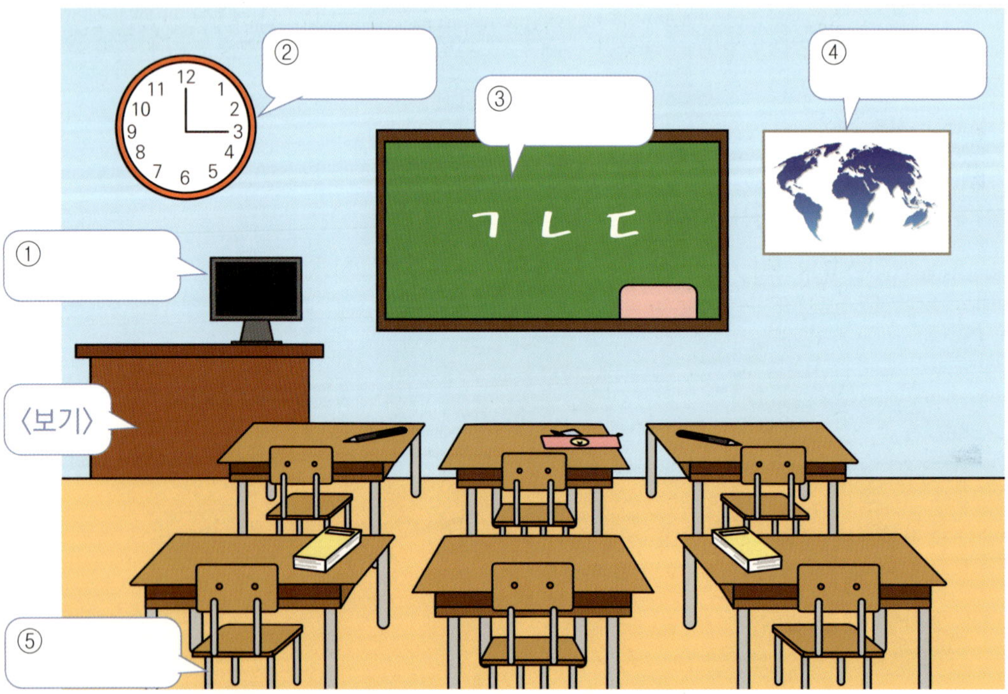

단어 2

앞　　뒤　　위　　아래(=밑)　　옆

왼쪽(=옆)　　오른쪽(=옆)　　(N와/과 N) 사이　　안　　밖

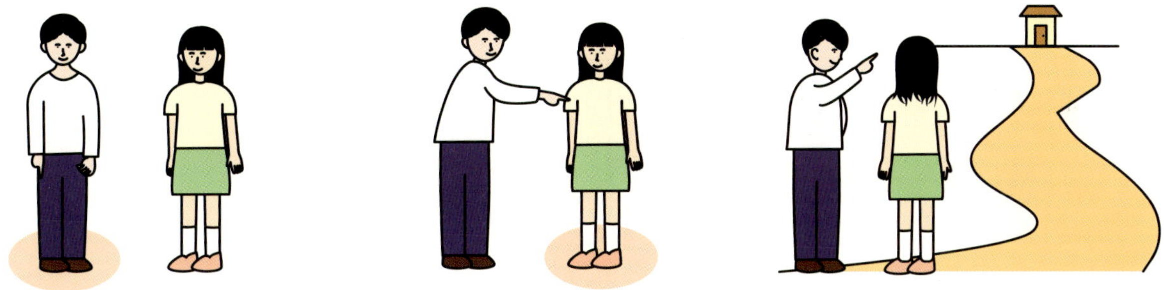

여기　　거기　　저기

연습 그림을 보고 〈보기〉와 같이 쓰세요.

Look at the picture and write as shown in the example.

문법 1 N도

N도	저도

연습 〈보기〉와 같이 친구와 이야기하세요.

Talk with a classmate as shown in the example.

〈보기〉

가 : 무함마드 씨는 남자예요?
나 : 네, 남자예요.

가 : 루이스 씨는요?
나 : 루이스 씨도 남자예요.

Tip. 앞에서 질문한 내용을 다른 사람에게 반복해서 질문할 때 반복되는 부분은 생략하고 이름이나 호칭을 넣어 'N은/는요?'로 물을 수 있다.
When you ask a question repeatedly to another person, you can omit the repeated part and ask 'N은/는요?'
예) 저는 가방이 있어요.
사라 씨도 가방이 있어요? = 사라 씨는요?

①

②

③

④

새 단어	남자 man/male, 여자 woman/female

문법 2 이/그/저 N

Tip. '그'는 이전에 언급한 대상을 가리킬 때도 사용한다.
'그' is also used to refer to the previously mentioned object.

연습 여러분의 물건을 모아 보세요. 누구의 물건이에요? 〈보기〉와 같이 묻고 답해 보세요.

Collect your items. Whose belongings are they? Try asking and answering questions like in the example.

[게임 방법]

칠판 앞에 여러분의 물건을 모아 주세요.

학생 1명이 앞으로 나와서 '이/그/저'를 사용해서 친구들에게 질문하세요.

나머지 친구들도 '이/그/저'를 사용해서 대답하세요.

[How to play the game]

1. Please put your items in front of the blackboard.
2. One student steps forward and asks their friends questions using '이/그/저'
3. The rest of your friends answer using '이/그/저'

말해요 1

크리스티나 : 여기는 누구의 방이에요?
엔　흐　진 : 여기는 저와 사라 씨의 방이에요.
크리스티나 : 저 책은 누구의 책이에요?
엔　흐　진 : 저 책은 사라 씨의 책이에요.
크리스티나 : 이 가방도 사라 씨의 가방이에요?
엔　흐　진 : 아니요, 그 가방은 제 가방이에요.

연습 1 위와 같이 친구와 이야기하세요.

Talk to your classmate as in the conversation above.

달력 / 컴퓨터	시계 / 책	카메라 / 연필	모자 / 안경

연습 2 교실에 무엇이 있어요? 누구의 물건이에요?

What's in the classroom? Whose is it?

새 단어 | 방 room

문법 3 N에 있어요/없어요

N에 있어요/없어요	교실 안에 있어요.

연습 물건은 어디에 있어요? 친구는 어디에 있어요?
〈보기〉와 같이 친구와 이야기하세요.

Where are your things? Where's your friend? Talk with a classmate as shown in the example.

〈보기〉 가 : 책이 어디에 있어요? 나 : 사라 씨의 책상 위에 있어요.	가 : 사라 씨는 어디에 있어요? 나 : 사라 씨는 호세 씨 앞에 있어요.

시계 지도 칠판 달력 휴대폰 우산 가방 지우개

새 단어 어디 where

단어 3

숫자 ①

1	2	3	4	5
하나	둘	셋	넷	다섯
6	7	8	9	10
여섯	일곱	여덟	아홉	열
11	12	···	19	20
열하나	열둘	···	열아홉	스물

연습 〈보기〉와 같이 숫자를 쓰고 말하세요.

Write the numbers as shown in the example and say them out loud.

〈보기〉

(하나)

(　　　)

(　　　)

(　　　)

(　　　)

(　　　)

(　　　)

(　　　)

새 단어 | 숫자 number

문법 4 N 개/명/권/대

N(숫자) + 개/명/권/대
'하나, 둘, 셋, 넷, 스물' + 개/명/권/대 → '한, 두, 세, 네, 스무' + 개/명/권/대

	1	2	3	4	…	9	10	20	?
	한 개	두 개	세 개	네 개	…	아홉 개	열 개	스무 개	몇 개
	한 명	두 명	세 명	네 명	…	아홉 명	열 명	스무 명	몇 명
	한 권	두 권	세 권	네 권	…	아홉 권	열 권	스무 권	몇 권
	한 대	두 대	세 대	네 대	…	아홉 대	열 대	스무 대	몇 대

Tip. 1. '하나, 둘, 셋, 넷, 스물'은 뒤에 단위 명사가 올 경우 '한, 두, 세, 네, 스무'로 바뀐다.
'하나, 둘, 셋, 넷, 스물' change to '한, 두, 세, 네, 스무' when followed by a unit noun.
2. 명사의 수량을 나타낼 때 '명사+수사' 뒤에 '개, 명, 권, 대'가 결합한다.
When indicating the quantity of nouns, 'noun + numeral' is followed by '개, 명, 권, 대'.
예) 책 두 권

연습 몇 개 있어요? 〈보기〉와 같이 친구와 이야기하세요.

How many do you have? Talk with a classmate as shown in the example.

〈보기〉

책, 3

가 : 책이 몇 권 있어요?
나 : 책이 세 권 있어요.
(책 세 권이 있어요.)

① 
안경, 1

② 
우산, 5

③ 
컴퓨터, 2

④ 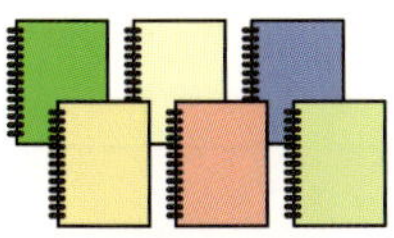
공책, 6

⑤ 
친구, 4

⑥ 
연필, 20

새 단어 | 몇 N(개, 명, 권, 대 …) How many N(개, 명, 권, 대...)

말해요 2

사라 : 호세 씨, 여기가 어디예요?
호세 : 여기는 제 방이에요.
사라 : 방에 무엇이 있어요?
호세 : 침대와 책상이 있어요.
사라 : 컴퓨터도 있어요?
호세 : 네, 컴퓨터가 2대 있어요.
사라 : 컴퓨터는 어디에 있어요?
호세 : 컴퓨터는 책상 위에 있어요.

연습 여기는 호세 씨의 방입니다. 위와 같이 친구와 이야기하세요.
This is Jose's room. Talk to your classmate as in the conversation above.

새 단어 | 침대 bed, 세탁기 washing machine, 에어컨 air conditioner, 옷장 closet, 냉장고 refrigerator, 텔레비전 television

들어요

여러분의 가방 안에 무엇이 있어요?
What's in your bag?

1. 다음을 듣고 질문에 답하세요.
Listen carefully to the following and answer the questions.

1) 우리 교실에 학생이 (   ) 있어요.
There are (   ) students in our classroom.

① 스무 명　　② 스물한 명　　③ 스물두 명

2. 다음을 듣고 질문에 모두 답하세요.
Listen carefully to the following and answer all the questions.

1) 책상 위에 무엇이 있어요?
What's on the desk?

① 　② 　③ 

2) 맞으면 ○, 틀리면 × 하세요.
Listen carefully. If correct, write O. If incorrect, write X.

① 가방은 책상 왼쪽에 있어요. (   )
② 책상 위에 펜이 2개 있어요. (   )
③ 이 책상은 하루키의 책상이에요. (   )

3. 우리 교실에 무엇이 있어요? 그것은 몇 개 있어요?
What is in the classroom? How many are there?

읽어요

여러분의 화장실에 무엇이 있어요?
What's in your bathroom?

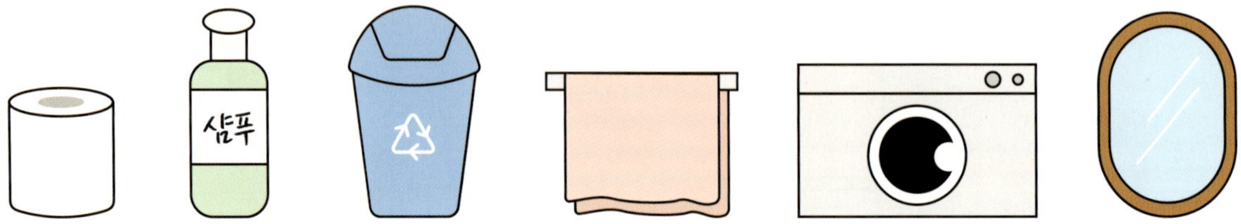

1. 다음을 읽고 질문에 답하세요.
Read the following and answer the questions.

> 안녕하세요. 저는 크리스티나예요. 여기는 제 방이에요.
> 창문 오른쪽에 화장실이 있어요. 화장실 안에 거울과 쓰레기통이 있어요.
> 수건 2개하고 휴지 4개도 있어요. 수건은 세탁기 위에 있어요. 휴지는 거울 왼쪽에 있어요.

1) 위 글의 내용과 같은 것을 고르세요.
Choose the answer that matches the content of the passage above.

① 쓰레기통은 문 뒤에 있어요.
② 여기는 크리스티나의 방이 아니에요.
③ 크리스티나의 방에 화장실이 없어요.
④ 화장실에 수건 두 개와 휴지 네 개가 있어요.

2) 다음 중 크리스티나의 화장실을 고르세요.
Choose Christina's bathroom from the following pictures.

①

②

③
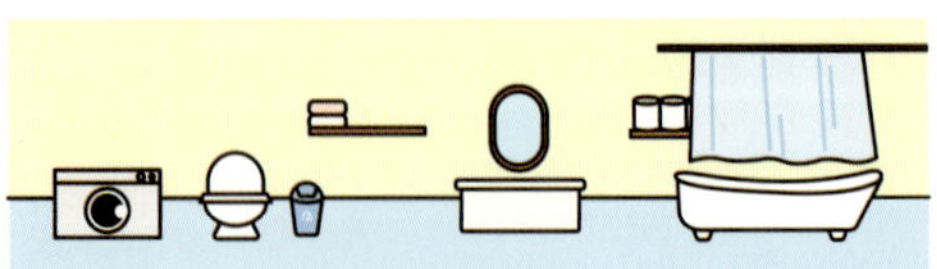

새 단어 | 화장실 bathroom, 수건 towel

써요

여러분의 방에 무엇이 있어요? 어디에 있어요?
What is in your room? Where is it?

무엇이 있어요?	몇 개가 있어요?	어디에 있어요?
책	2권	의자 위

1. 여러분의 방을 소개하는 글을 쓰세요.
   Write a short paragraph describing your room.

2. 위의 글을 친구들 앞에서 발표하세요.
   Present the above text in front of your classmates.

한국 문화를 배워요

손으로 숫자를 세요
Count with your hands

한국 사람은 아래 그림과 같이 손으로 숫자를 세요. 여러분 나라에서는 손으로 어떻게 숫자를 세요?
Koreans count with their hands as shown in the picture below. How do you count with your hands in your country?

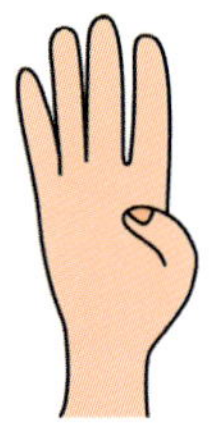
하나

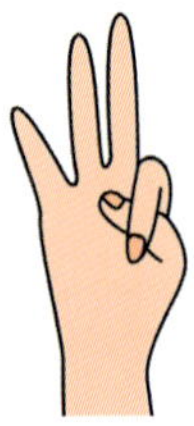
둘

셋

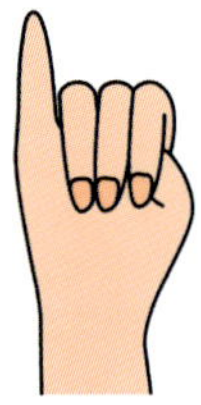
넷

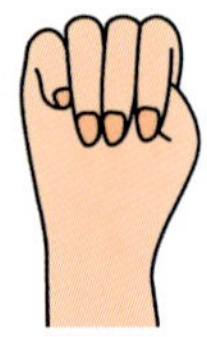
다섯

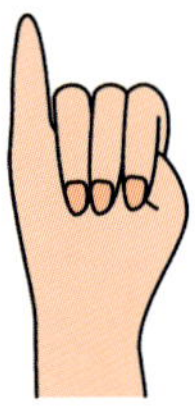
여섯

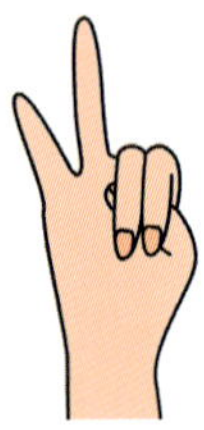
일곱

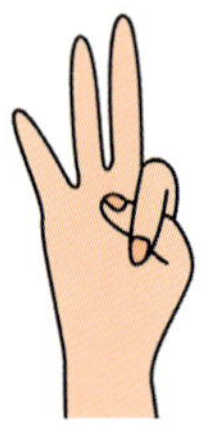
여덟

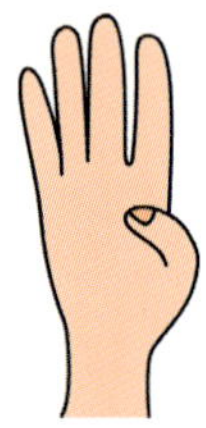
아홉

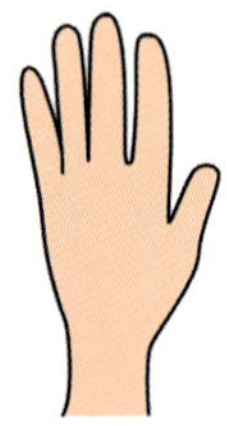
열

따라해요

'있어요'와 '없어요'는 있어요[이써요], 없어요[업써요]로 발음해요.
'있어요' and '없어요' are pronounced as 있어요[이써요], 없어요[업써요].

친구가 있어요[친구가 이써요]
칠판이 있어요[칠파니 이써요]
지우개가 없어요[지우개가 업써요]

- 가 : 무엇이 있어요?
  나 : 의자가 있어요.

확인해요

1. 다음 그림을 보고 알맞은 단어를 쓰세요.

Look at the following picture and write down the appropriate words.

〈보기〉

(시계)

1)

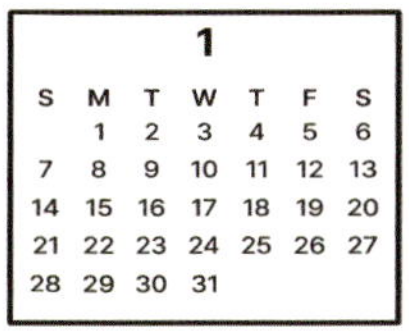

(　　　　)

2)

(　　　　)

3)

(　　　　)

4)

(　　　　)

5)

(　　　　)

2. 다음 대화를 완성하세요.

Complete the following conversation.

1) 가 : 지갑에 돈이 있어요?

나 : 네, 있어요. ______ 있어요.(카드)

2) 가 : 엔흐진 씨, 지금 어디에 있어요?

나 : 지금 저는 ______ __________.(교실)

3) 가 : 판야 씨, 컴퓨터가 있어요?

나 : 네, 집에 컴퓨터가 2______ 있어요.

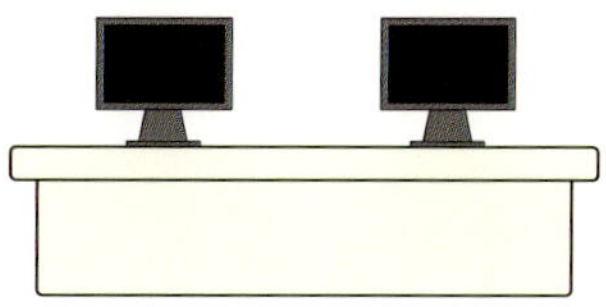

4) 가 : _____ 필통은 누구의 필통이에요?

나 : _____ 필통은 마리아 씨의 필통이에요.

3. 숫자를 쓰세요.
Write the numbers.

1	2	3	4	5
〈보기〉 하나				
6	7	8	9	10
11	12	13	14	15
16	17	18	19	20

04 방에서 책을 읽어요.

- 이 여자는 어디에 있어요?
- 여자는 여기에서 무엇을 해요?

학습목표 1. 어디에서 무엇을 하는지 말할 수 있다.
You will be able to talk about what you are doing and where.

2. 하지 않는 일을 말할 수 있다.
You will be able to talk about what you are not doing.

문법 1. V-아요/어요
2. N을/를
3. N에서
4. 안 V, V-지 않다

단어 1

장소

학교

집

서점

도서관

기숙사

백화점

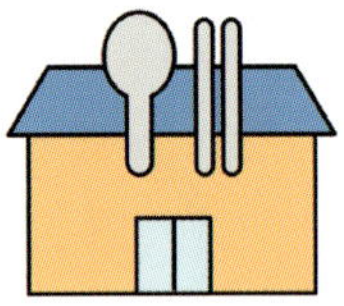

식당

영화관

마트

공원

연습 여기가 어디예요? 〈보기〉와 같이 쓰고 친구와 이야기하세요.
Where is this place? Talk with a classmate as shown in the example.

〈보기〉

가 : 여기가 어디예요?
나 : 학교예요.

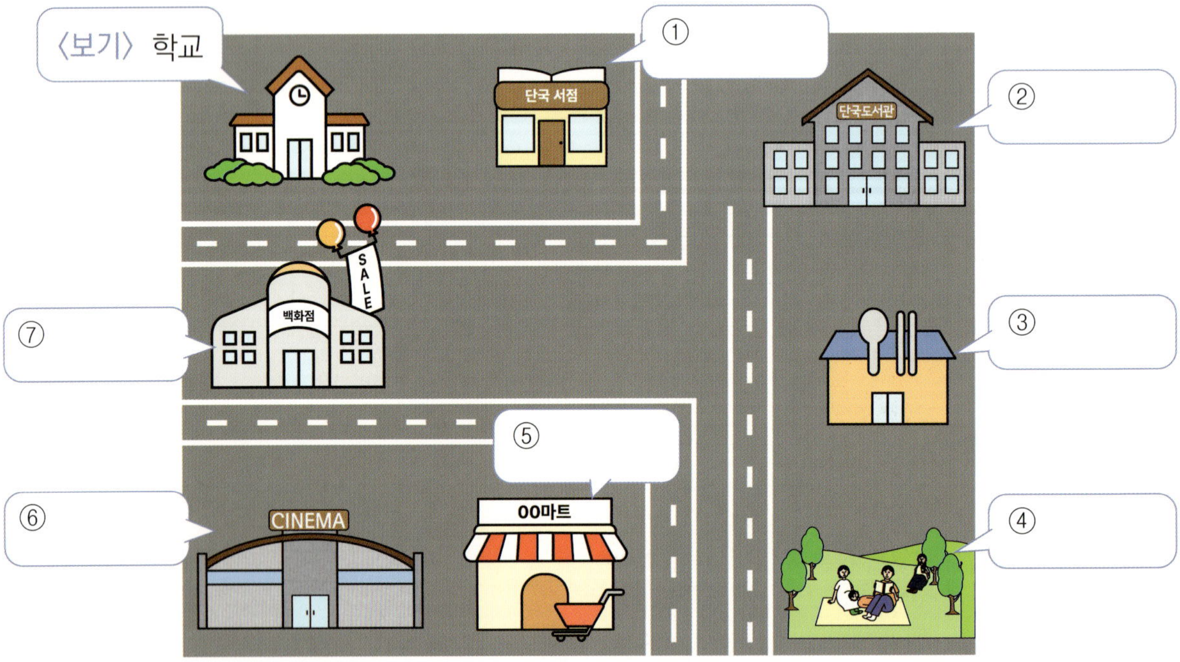

새 단어 | 장소 place

단어 2

먹다

마시다

보다

사다

만나다

읽다

자다

운동하다

공부하다

쇼핑하다

연습 그림을 보고 〈보기〉와 같이 알맞은 단어를 찾아 연결하세요.

Look at the picture and connect the appropriate words as in the example.

〈보기〉  · — · 마시다

②  ·

④  ·

⑥ 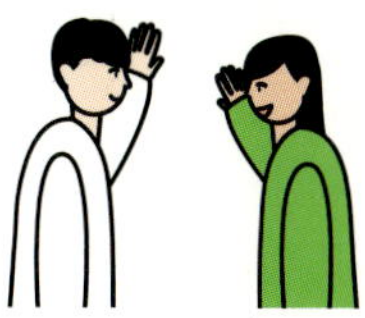 ·

· 먹다

· 보다

· 마시다

· 만나다

①  ·

③ 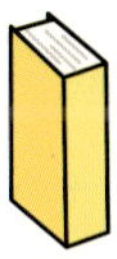 ·

⑤ 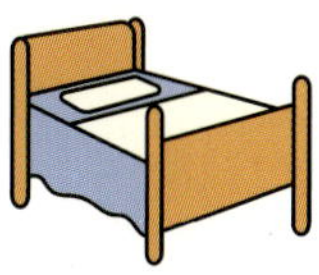 ·

⑦  ·

· 자다

· 읽다

· 운동하다

· 쇼핑하다

문법 1 V-아요/어요

V (ㅏ, ㅗ ○) + 아요	놀아요
V (ㅏ, ㅗ ×) + 어요	먹어요
V (~하다) → 해요	쇼핑해요

Tip. 1. 받침이 없는 동사는 다음과 같이 바꿔서 말한다. For verbs without a final consonant, they are changed as follows.
예) 자다 → 자요, 보다 → 봐요, 배우다 → 배워요, 쉬다 → 쉬어요.
2. 모음 '이'와 '어'가 만날 때는 'ㅕ'로 바꿔서 말한다. When the vowels '이' and '어' connect, they change to 'ㅕ.'
예) 마시다 → 마시어요 → 마셔요.

연습 〈보기〉와 같이 친구와 이야기하세요.

Talk with a classmate as shown in the example.

〈보기〉

쇼핑하다

가 : 뭐 해요?
나 : 쇼핑해요.

① 

놀다

② 

자다

③ 

쉬다

④ 

먹다

⑤ 

여행하다

⑥ 

산책하다

새 단어 | 배우다 to learn, 쉬다 to rest, 놀다 to play/hang out, 여행하다 to travel, 산책하다 to take a walk, 하다 to do

문법 2 N을/를

N (받침○) 을	가방을
N (받침×) 를	학교를

Tip. '무엇을 해요?'는 '뭐 해요?'로 짧게 줄여서 말할 수 있다. '무엇을 해요' can be shortened to '뭐 해요' for brevity.

연습 〈보기〉와 같이 친구와 이야기하세요.

Talk with a classmate as shown in the example.

〈보기〉

물, 마시다

가 : 무엇을 해요?
나 : 물(을/를) 마셔요.

① 

밥, 먹다

② 

한국어, 말하다

③ 

책, 읽다

④ 

텔레비전, 보다

⑤ 

휴대폰, 사다

⑥ 

여행, 하다

Tip. '여행하다'는 '여행을 하다'로 나눠서 말할 수 있다. '여행하다' can be divided into '여행을 하다' to express the action more explicitly.

새 단어 | 커피 coffee, 물 water, 밥 cooked rice/meal, 말하다 to speak/talk

말해요 1

(1) 한국어, 공부하다

(2) 옷, 사다

호　세 : 엔흐진 씨, 뭐 해요?
엔흐진 : 저는 한국어를 공부해요.
　　　　호세 씨는 무엇을 해요?
호　세 : 저는 친구를 만나요.
　　　　친구하고 같이 옷을 사요.

연습 위와 같이 친구와 이야기하세요.
Talk to your classmate as in the conversation above.

①

놀다

여행, 하다

②

커피, 마시다

한국어, 배우다

③

밥, 먹다

영어, 배우다

④

텔레비전, 보다

요리, 하다

새 단어 | N하고 with N, 같이 together, 영어 English, 요리하다 to cook

문법 3 N에서

N에서	기숙사에서

연습 알맞은 것을 찾아 연결하고 〈보기〉와 같이 친구와 이야기하세요.

Find the right one, connect, and talk to your friends like in the example.

① 친구를 만나다 ② 밥을 먹다 ③ 쇼핑하다 ④ 산책하다

백화점

커피숍

공원

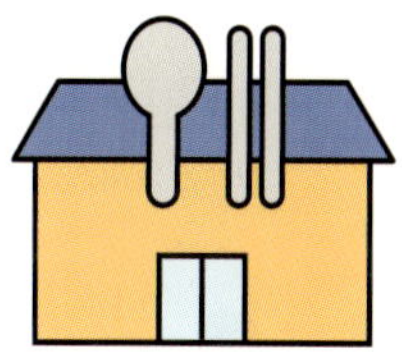

식당

〈보기〉 가 : 어디에서 친구를 만나요?
나 : 백화점에서 친구를 만나요. / 커피숍에서 친구를 만나요.

새 단어 | 커피숍 coffee shop

문법 4 안 V, V-지 않다

안 V	안 먹다
V-지 않다	먹지 않다

Tip. '-하다' 동사는 '안'을 '하다' 앞에 사용한다. For '-하다' verbs, '안' is placed in front of '하다.'
예) 공부하다 → 공부 안 하다(○), 안 공부하다(×)

연습 1 〈보기〉와 같이 친구와 이야기하세요.

Talk with a classmate as shown in the example.

〈보기〉

친구를 만나다

가 : 루이스 씨는 친구를 만나요?
나 : 아니요. 친구를 안 만나요.

①
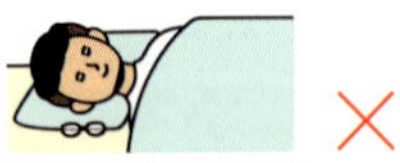
자다

②

컴퓨터를 하다

③

숙제하다

연습 2 〈보기〉와 같이 친구와 이야기하세요.

Talk with a classmate as shown in the example.

〈보기〉

여행하다

가 : 루이스 씨는 여행을 해요?
나 : 아니요. 여행을 하지 않아요.

①

물을 사다

②

텔레비전을 보다

③

운동하다

새 단어 숙제하다 to do homework

말해요 2

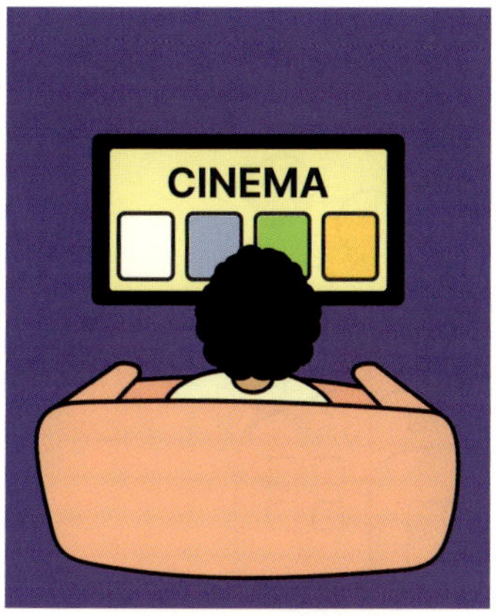

영화를 보다
영화관× / 집○

하루키 : 사라 씨, 오늘 뭐 해요?
사　라 : 영화를 봐요.
하루키 : 영화관에서 영화를 봐요?
사　라 : 아니요, 영화관에서 보지 않아요.
집에서 봐요. 하루키 씨는 영화관에서 봐요?
하루키 : 아니요, 저도 영화관에서 안 봐요.

연습 위와 같이 친구와 이야기하세요.
Talk to your classmate as in the conversation above.

①

한국어를 배우다
집×/학교○

②

책을 읽다
도서관×/기숙사○

③

커피를 마시다
커피숍×/공원○

④
?

친구를 만나다
_______×/_______○

새 단어	오늘 today, 영화 movie

들어요

여러분은 어디에서 쇼핑을 해요?
Where do you go shopping?

1. 맞으면 O, 틀리면 X 하세요.
If it's correct, mark O; if it's wrong, mark X.

1) 사라는 공원에서 호세를 만나요. (　　)
2) 호세는 백화점에서 가방을 사요. (　　)

2. 다음을 듣고 내용과 같지 않은 것을 고르세요.
Listen to the following and choose what doesn't match the content.

①

하루키

②

하루키

③
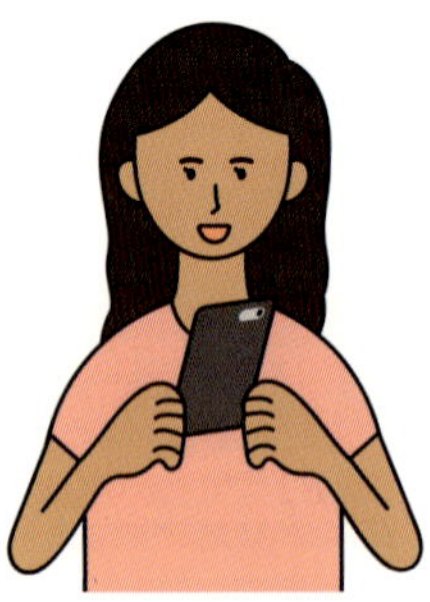
크리스티나

④

아마드

읽어요

여러분은 집에서 무엇을 해요?
What do you do at home?

1. 다음을 읽고 질문에 모두 답하세요.
Read the following and answer the questions.

> 안녕하세요. 저는 무함마드예요. 우리 집은 서울에 있어요. 우리 집에 거실, 부엌 그리고 방 한 개가 있어요. 저는 거실에서 텔레비전을 봐요. 부엌에서 요리를 해요. 그리고 밥을 먹어요. 커피도 마셔요. 저는 방에서 책을 읽지 않아요. 거실에서 읽어요. 그리고 컴퓨터도 해요. 하지만 집에서 운동을 안해요. 공원에서 해요.

1) 무함마드는 어디에서 밥을 먹어요? ______________________
Where does Muhammad eat?

2) 무함마드가 거실에서 무엇을 하지 않아요?
What doesn't Muhammad do in the living room?

① 

② 

③ 

④ 

3) 맞으면 O, 틀리면 X 하세요.
If it's correct, mark O; if it's wrong, mark X.

① 무함마드의 집은 서울에 있어요. (　　)

② 무함마드는 집에서 운동을 해요. (　　)

새 단어 | 우리 we/our, 서울 Seoul, 거실 living room, 부엌 kitchen, 그리고 and, 하지만 but

써요

여러분은 공원에서 무엇을 해요? 무엇을 하지 않아요?
〈보기〉의 단어를 사용해서 쓰세요.

What do you do at the park? What don't you do? Write using the words provided in 〈example〉.

〈보기〉 친구, 산책, 밥, 커피, 책, 공부, 놀다, 자다 …

해요	하지 않아요
친구를 만나다	공부를 하다

1. 위의 내용을 보고 쓰세요.
Write based on the above contents.

2. 위의 글을 친구들 앞에서 발표하세요.
Present the above text in front of your classmates.

한국 문화를 배워요

한국의 커피숍
Coffee Shops in Korea

한국은 커피숍이 아주 많아요. 한 골목에 3~4개의 커피숍이 있기도 해요. 자리마다 콘센트가 있는 커피숍도 있어서 노트북으로 오랜 시간 일을 할 수 있어요. 커피숍을 도서관처럼 이용하는 학생들도 있어요.

Korea has many coffee shops. There may even be up to 3 to 4 coffee shops in a single alley. Some coffee shops have outlets at each seat, so you can work on your laptop for a long time. There are also students who use coffee shops like libraries.

따라해요

받침 [ㄱ] 뒤에 있는 [ㄱ, ㄷ, ㅂ, ㅅ, ㅈ]은 [ㄲ, ㄸ, ㅃ, ㅆ, ㅉ]로 발음해요.
The consonants [ㄱ, ㄷ, ㅂ, ㅅ, ㅈ] that come after the final consonant [ㄱ] are pronounced as [ㄲ, ㄸ, ㅃ, ㅆ, ㅉ].

학교[학꾜] 식당[식땅]
기숙사[기숙싸]

- 기숙사 식당에서 밥을 먹어요.

확인해요

1. 다음 그림을 보고 알맞은 단어를 쓰세요.

Look at the following picture and write down the appropriate words.

〈보기〉 

(기숙사)

1) 

(   )

2) 

(   )

3) 

(   )

4) 

(   )

5) 

(   )

2. 다음 대화를 완성하세요.

Complete the following conversation.

1) 가 : ________________ 책을 읽어요?(도서관)

나 : 아니요, 도서관에서 책을 읽지 않아요.

____.(집)

2) 가 : 어디에서 친구를 만나요?

나 : ____________________ 친구를 만나요.(백화점)

친구하고 같이 ________________________.(모자를 사다)

3) 가 : ________________ 커피를 마셔요?(커피숍)

나 : 아니요, ________________________________.

____.(공원)

05 모자가 귀여워요.

- 어디에서 쇼핑을 해요?
- 이 모자가 어때요?

학습목표 1. 대상의 상태나 특성을 묻고 답할 수 있다.
You will be able ask and answer questions about the status or characteristics of an object.

2. 반대되는 특성을 말할 수 있다.
You will be able to state the opposite characteristics.

문 법 1. N이/가 A-아요/어요

2. 'ㅂ'불규칙

3. A/V-고 A/V

4. A/V-지만

단어 1

싸다	많다	쉽다	깨끗하다	무겁다	넓다
					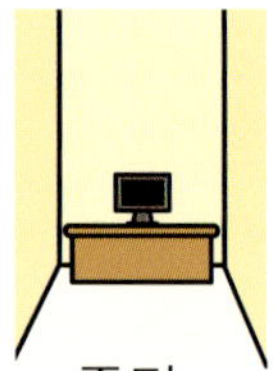
비싸다	적다	어렵다	더럽다	가볍다	좁다

연습 〈보기〉와 같이 여러분의 물건이나 장소에 어울리는 단어를 고르세요.
Choose the words that match your items or places as shown in the example.

〈보기〉		싸다 / **비싸다**	**가볍다** / 무겁다	더럽다 / **깨끗하다**
①		싸다 / 비싸다	가볍다 / 무겁다	더럽다 / 깨끗하다
②		싸다 / 비싸다	가볍다 / 무겁다	많다 / 적다
③		싸다 / 비싸다	많다 / 적다	더럽다 / 깨끗하다
④		좁다 / 넓다	많다 / 적다	더럽다 / 깨끗하다
⑤	?	______	______	______

단어 2

멀다

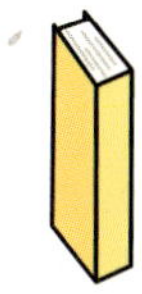
얇다

조용하다

재미있다

맛있다

좋다

가깝다

두껍다

시끄럽다

재미없다

맛없다

싫다

연습 어때요? 〈보기〉와 같이 연결하세요.

How is it? Connect as shown in the example.

〈보기〉  ·

①  ·

② 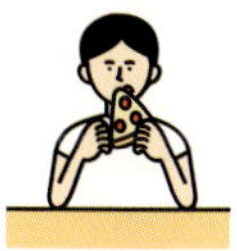 ·

③  ·

④  ·

⑤  ·

⑥  ·

· 얇다

· 재미없다

· 시끄럽다

· 두껍다

· 재미있다

· 조용하다

· 맛있다

· 싫다

문법 1 N이/가 A-아요/어요

N이/가 A(ㅏ, ㅗ ○) + 아요	가방이 비싸요
N이/가 A(ㅏ, ㅗ ×) + 어요	커피가 맛있어요
N이/가 A(~하다) → 해요	도서관이 조용해요

가 : 화장실이 어때요?
나 : 화장실이 깨끗해요.

가 : 친구가 많아요?
나 : 아니요, 안 많아요.

Tip. 형용사(A)도 동사(V)와 같이 '안 A', 'A-지 않다'로 말할 수 있다.
Adjectives can also be used as '안 A' or 'A-지 않다,' just like verbs.
예) 가 : 집이 멀어요?
나 : 아니요, 안 멀어요.
(아니요, 멀지 않아요.)

연습 1 〈보기〉와 같이 친구와 이야기하세요.

Talk with a classmate as shown in the example.

〈보기〉

도서관 / 좋다 ○

가 : 도서관이 어때요?
나 : 도서관이 좋아요.

①

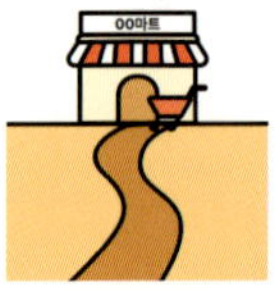

마트 / 멀다 ○

②

커피 / 맛없다 ○

③

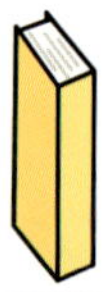

책 / 얇다 ○

연습 2 〈보기〉와 같이 친구와 이야기하세요.

Talk with a classmate as shown in the example.

〈보기〉

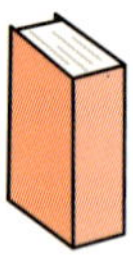

책 / 재미있다 ×
재미없다 ○

가 : 책이 재미있어요?
나 : 아니요, 책이 재미없어요.

①

노트북 / 비싸다 × 싸다 ○

②

학생 / 많다 × 적다 ○

③

방 / 좁다 × 넓다 ○

새 단어 | 어때요? How is it?

문법 2 'ㅂ'불규칙

무겁다/어렵다/더럽다… + 어요	무거워요 / 어려워요 / 더러워요

가: 가방이 어때요?
나: 무거워요.

가: 한국어가 어려워요?
나: 아니요, 쉬워요.

> Tip. '돕다'는 '도와요'로 바뀐다.
> '입다', '잡다', '좁다'는 받침 'ㅂ'이 '우'로 바뀌지 않는다.
> '돕다' changes to '도와요'.
> The consonant 'ㅂ' in '입다', '잡다', '좁다' does not change to '우'.
> 예) 입다: 입어요, 잡다: 잡아요, 좁다: 좁아요.

연습 〈보기〉와 같이 알맞은 것을 고르고 친구와 이야기하세요.

Select the appropriate word as shown in the example and discuss it with your classmates.

〈보기〉

쉽다 / 어렵다

가: 영어가 어때요?
나: 영어가 어려워요.

①

멀다 / 가깝다

②

얇다 / 두껍다

③

무겁다 / 가볍다

④

쉽다 / 어렵다

⑤

좁다 / 넓다

⑥

깨끗하다 / 더럽다

새 단어 | 입다 to wear, 잡다 to hold, 돕다 to help

말해요 1

린 : 마리아 씨, 여기는 저와 크리스티나 씨의 방이에요.
마리아 : 방이 아주 깨끗해요!
이거는 누구의 인형이에요?
린 : 그거는 제 인형이에요.
마리아 : 인형이 귀여워요.
이 인형이 비싸요?
린 : 아니요. 안 비싸요. 싸요.

Tip. 강조해서 표현할 때 '아주', '정말', '진짜' 등을 사용할 수 있다.
You can use '아주', '정말', '진짜' to emphasize your expression.
예) 가 : 커피가 어때요?
나 : 정말 맛있어요.

연습 1 위와 같이 친구와 이야기하세요.
Talk to your classmate as in the conversation above.

①

(1) 노트북
(2) 가볍다, 좋다
(3) 좋다○

②

(1) 책
(2) 두껍다, 재미있다
(3) 재미있다×

③

(1) 가방
(2) 작다, 싸다
(3) 싸다×

④
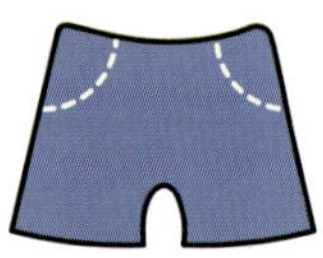
(1) 옷
(2) 얇다, 가볍다
(3) 가볍다○

연습 2 여러분의 방에 무엇이 있어요? 어때요?
What's in your room? How is it?

새 단어 | 아주 very, 인형 doll, 정말 really, 진짜 really(real), 귀엽다 to be cute, 작다 to be small, 옷 clothes

문법 3 A/V-고 A/V

A/V + 고 A/V	깨끗하고 넓다 먹고 마시다

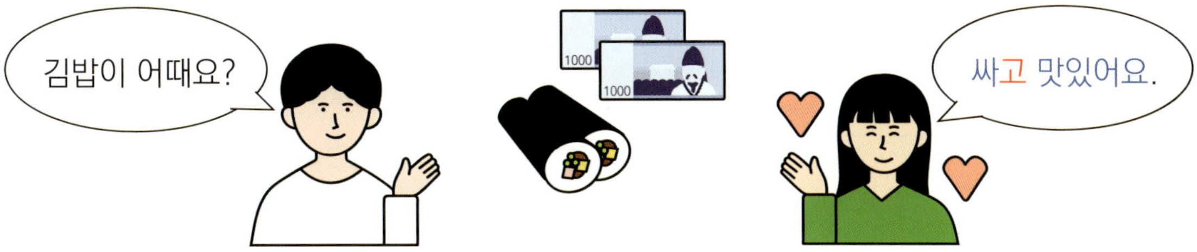

연습 1 〈보기〉와 같이 친구와 이야기하세요.
Talk with a classmate as shown in the example.

〈보기〉

쉽다, 재미있다

가 : 한국어가 어때요?
나 : 쉽고 재미있어요.

① 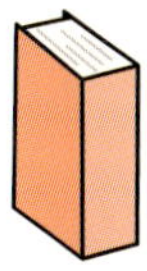
두껍다, 어렵다

② 
싸다, 가볍다

③ 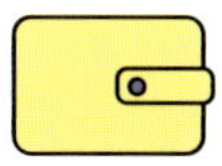
작다, 귀엽다

연습 2 〈보기〉와 같이 친구와 이야기하세요.
Talk with a classmate as shown in the example.

〈보기〉

마리아 : 책을 읽다 린 : 공부하다

가 : 마리아 씨와 린 씨는 뭐 해요?
나 : 마리아 씨는 책을 읽고 린 씨는 공부해요.

① 
사라 : 밥을 먹다
호세 : 자다

② 
루이스 : 공부하다
판 야 : 친구를 만나다

③ 
하 루 키 : 텔레비전을 보다
무함마드 : 전화하다

새 단어 | 김밥 kimbap, 전화하다 to call

문법 4 A/V-지만

A/V + 지만	시끄럽지만 좋지만

연습 〈보기〉와 같이 어울리는 단어를 연결하고 친구와 이야기하세요.

Connect the matching words as shown in the example and discuss them with your classmate.

〈보기〉

식당

가 : 그 식당은 어때요?
나 : 맛있지만 너무 비싸요.

①  휴대폰

②  한국어 책

③  가방

④ ?

맛있다 ·	· 힘들다
가볍다 ·	· 재미없다
싸다 ·	· 비싸다
좋다 ·	· 어렵다
귀엽다 ·	· 무겁다
재미있다 ·	· 피곤하다

새 단어 | 너무 too(so), 힘들다 to be hard, 피곤하다 to be tired

말해요 2

(1) 커피숍에서 공부하다

(2) 깨끗하다, 커피도 맛있다

(3) 공원에서 산책하다

(4) 공원이 좋다

(5) 좋다, 조금 작다

사　라 : 루이스 씨, 뭐 해요?
루이스 : 커피숍에서 공부해요.
사　라 : 그 커피숍이 어때요?
루이스 : 깨끗하고 커피도 맛있어요.
　　　　사라 씨는 뭐 해요?
사　라 : 저는 공원에서 산책해요.
루이스 : 공원이 좋아요?
사　라 : 좋지만 조금 작아요.

연습 1 어디에서 무엇을 해요? 거기가 어때요? 위와 같이 친구와 이야기하세요.
Where and what do they do? How is it there? Talk to your classmate as in the conversation above.

①

무함마드

(1) 도서관에서 책을 읽다

(2) 깨끗하다, 조용하다

(3) 기숙사에서 공부하다

(4) 기숙사가 좁다

(5) 좁다, 좋다

크리스티나

②

하루키

(1) 마트에서 김밥을 사다

(2) 아주 싸다, 좋다

(3) 백화점에서 쇼핑하다

(4) 백화점이 넓다

(5) 넓다, 너무 비싸다

아마드

연습 2 여러분은 어디에서 무엇을 해요? 거기가 어때요? 친구와 이야기하세요.
Where and what do you do? How is it there? Talk about it with your classmates.

새 단어	조금 a little

들어요

책상 위에 무엇이 있어요? 그것이 어때요?
What's on the desk? How is it?

1. 다음을 듣고 알맞은 것을 고르세요.
Listen and choose the correct one.

1) 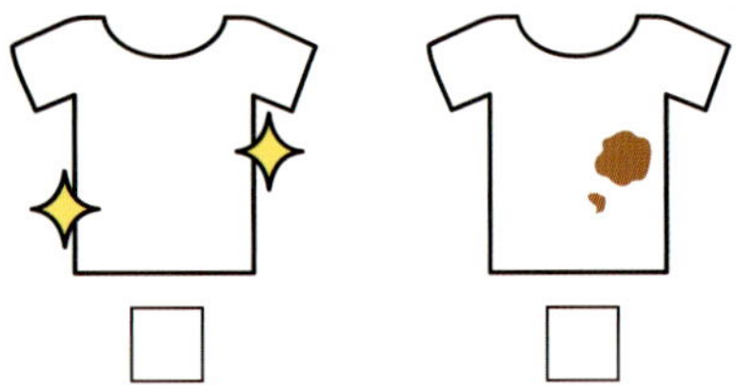

2) 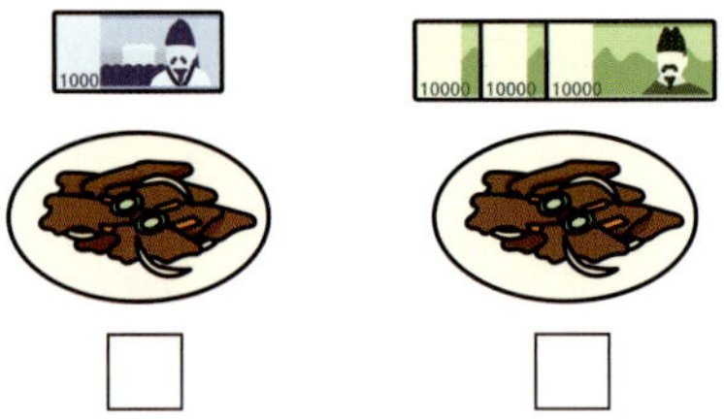

3) 

4) 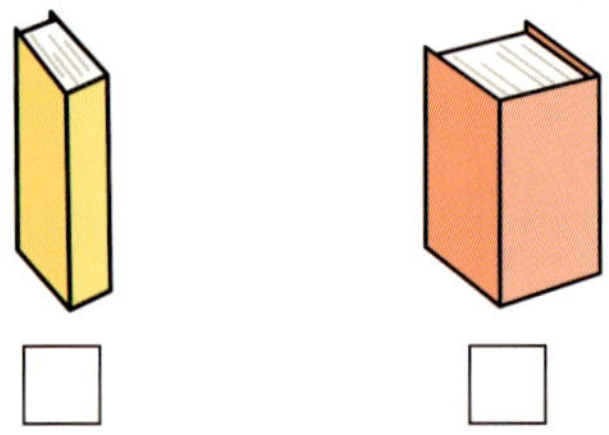

2. 다음을 듣고 질문에 모두 답하세요.
Listen and answer all the questions.

1) 마트가 어때요?
How's the supermarket?

① 

② 

③ 

④ 

2) 맞으면 ○, 틀리면 × 하세요.
Write O for true and X for false.

① 커피숍은 조금 시끄러워요. ( )

② 사라는 커피숍에 없어요. ( )

새 단어 | 여보세요 hello, 음식 food

읽어요

집 앞에 무엇이 있어요? 거기가 어때요?
What's in front of your house? How is it there?

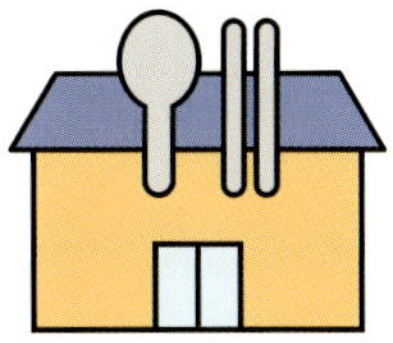

1. 다음을 읽고 질문에 답하세요.

Read the following and answer the questions.

> 우리 집 앞에 마트가 있어요. 이 마트는 집에서 가깝고 깨끗해요. 마트에 물건들이 많아요. 저는 휴지하고 물하고 김밥을 사요. 휴지가 두껍고 좋아요. 물은 너무 무거워요. 김밥은 아주 싸고 맛있어요.

Tip. '가깝다, 멀다'와 같이 거리를 나타낼 때 기준이 되는 장소는 'N에서'를 사용한다.
When expressing distance with words like '가깝다, 멀다', the reference point is indicated using 'N에서.'
예) 영화관은 집에서 멀어요.

1) 무엇을 사요? 모두 고르세요.
What does he buy? Choose all of them.

① 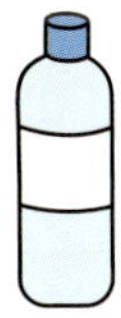
② 
③ 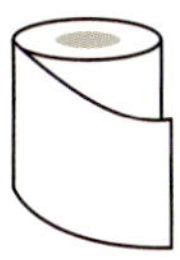
④ 

2) 위 글의 내용과 같은 것을 고르세요.
Choose the statement that matches the content of the text above.

① 휴지가 얇아요.
② 물이 안 가벼워요.
③ 김밥이 싸지 않아요.
④ 마트에 물건이 적어요.

새 단어	N들 N+(e)s

써요

집 앞에 무엇이 있어요?
What's in front of your house?

커피숍			

거기가 어때요?
What's it like there?

넓다 & 깨끗하다 넓고 깨끗하다	________ & ________ ________________
________ ↔ ________ ________________	________ ↔ ________ ________________

1. 여러분의 집 앞에 무엇이 있어요? 거기가 어때요? 쓰세요.
What's in front of the your house? What's it like there? Write about it.

우리 집 앞에

2. 위의 글을 친구들 앞에서 발표하세요.
Present the above text in front of your classmates.

한국 문화를 배워요

한국의 와이파이(Wi-fi)

Wi-Fi in Korea

한국은 어디에서 무료로 와이파이를 사용할 수 있을까요? 커피숍, 지하철, 버스, 도서관, 공원, 시장 등 사람들이 많이 있는 곳에서는 대부분 무료로 사용할 수 있어요.

Where can I use free Wi-Fi in Korea? It is available for free in most crowded places, such as coffee shops, subways, buses, libraries, parks, and markets.

따라해요

받침 'ㅎ' 뒤에 모음이 있으면 소리 내어 발음하지 않아요.

When the final consonant 'ㅎ' is followed by a vowel, 'ㅎ' is not pronounced.

좋아요[조아요]　　　　　　많아요[마나요]

가지 않아요[가지 아나요]

- 주말에는 학교에 가지 않아요.

확인해요

1. 다음 그림을 보고 알맞은 단어를 쓰세요.
Look at the following picture and write down the appropriate words.

〈보기〉

(맛있다)

1)

(   )

2)

(   )

3)

(   )

4)

(   )

5)

(   )

2. 다음 대화를 완성하세요.
Complete the following conversation.

1) 가 : 그 옷이 어때요?

나 : ________ 비싸요.(좋다)

2) 가 : 이 노트북이 어때요?

나 : ________ 가벼워요.(얇다)

3) 가 : 한국어가 어려워요?

나 : 아니요, ____________.(쉽다)

4) 가 : 집이 가까워요?

나 : 아니요, 가깝지 않아요. ____________.(멀다)

06 저는 주말에 청소해요.

- 어디를 청소해요?
- 언제 청소해요?

학습목표 1. 시간과 날짜를 말할 수 있다.
You will be able to tell the time and date.
2. 평일과 주말 일과를 말할 수 있다.
You will be able to describe weekday and weekend routines.

문법 1. 시간
2. N부터 N까지
3. 날짜
4. N에

단어 1

9월

월요일	화요일	수요일	목요일	금요일	토요일	일요일
			1	2	3	4
5	6	7	8	9	10	11
←		평일		→	← 주말	→
12 그저께	13 어제	(14) 오늘	15 내일	16 모레	17	18

연습 알맞은 단어를 쓰고 〈보기〉와 같이 친구와 이야기하세요.

Write the correct words and talk with a classmate as shown in the example.

〈보기〉 가 : 오늘이 무슨 요일이에요?
나 : 오늘은 목요일이에요.

월요일	화요일	수요일	목요일	금요일	토요일	일요일
	1	2	3	4	5	6
7	8	9	(10)	11	12	13
	①	②	〈보기〉 오늘	③	④	

새 단어 무슨 N what N

단어 2

숫자 ②

1	2	3	4	5	6
일	이	삼	사	오	육
7	**8**	**9**	**10**	**11**	**12**
칠	팔	구	십	십일	십이
20	**30**	**…**	**100**	**1000**	**0**
이십	삼십	…	백	천	영/공

연습 1 〈보기〉와 같이 친구와 이야기하세요.
Talk with a classmate as shown in the example.

〈보기〉 010-2639-8174

가 : 전화번호가 뭐예요?
나 : 공일공 이육삼구에 팔일칠사예요.

Tip. 전화번호를 말할 때 두 번째 '–'는 '에'라고 말한다.
When you say a phone number, the second '–' is referred to as '에'.

① 010-7856-8230　② 010-5423-8879　③ 031) 865-0235

연습 2 〈보기〉와 같이 친구와 이야기하세요.
Talk with a classmate as shown in the example.

〈보기〉 가 : 몇 번이에요?
나 : 이십사 번이에요.

Tip. 버스 번호를 말할 때 '–'는 '다시'라고 말한다.
When you say the bus number, '–' is referred to as '다시'.

①

②

③

새 단어 | 전화번호 phone number, N 번 number N

문법 1 시간 ①

한 시 | 두 시 | 세 시 | 네 시 | 다섯 시 | 여섯 시

일곱 시 | 여덟 시 | 아홉 시 | 열 시 | 열한 시 | 열두 시

연습 1 〈보기〉와 같이 친구와 이야기하세요.

Talk with a classmate as shown in the example.

〈보기〉 08:00

가 : 몇 시예요?
나 : 여덟 시예요.

① 02:00 ② 06:00 ③ 11:00 ④ 04:00

00:01	00:02	00:03	00:05	00:10	00:15
일 분	이 분	삼 분	오 분	십 분	십오 분
00:20	00:30	00:35	00:40	00:50	?
이십 분	삼십 분	삼십오 분	사십 분	오십 분	몇 분

Tip. 삼십 분=반 thirty minutes=반

연습 2 〈보기〉와 같이 친구와 이야기하세요.

Talk with a classmate as shown in the example.

〈보기〉 01:05

가 : 지금 몇 시예요?
나 : 한 시 오 분이에요.

① 12:08 ② 08:20 ③ 09:30 ④ 11:55

새 단어 지금 now

문법 1 시간 ②

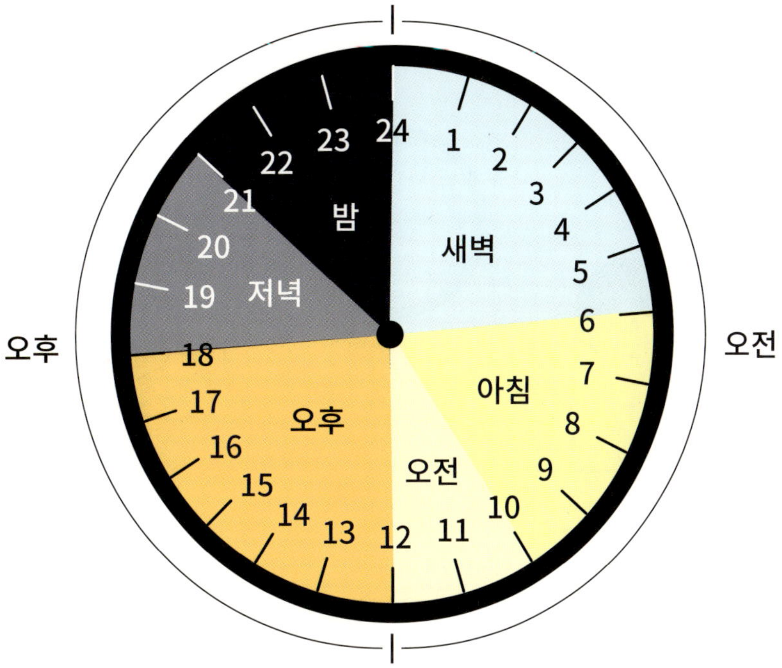

Tip. 오후 시간을 정확한 시간으로 말하지 않을 때는 '낮'으로도 사용할 수 있다.
It can also be used as '낮' when you don't want to say the exact time of afternoon.

연습 몇 시예요? 〈보기〉와 같이 친구와 이야기하세요.

What time is it? Talk with a classmate as shown in the example.

〈보기〉

7:00

가 : 몇 시예요?
나 : 아침 일곱 시예요.

① 

11:00

② 

12:30

③ 

6:10

④ 

8:40

⑤ 

3:20

⑥ 

11:00

새 단어 | 낮 day time

문법 2 N부터 N까지

N부터 N까지	오늘부터 내일까지

연습 〈보기〉와 같이 친구와 이야기하세요.
Talk with a classmate as shown in the example.

〈보기〉 가 : 몇 시부터 몇 시까지 자요?
나 : 12시부터 7시까지 자요.

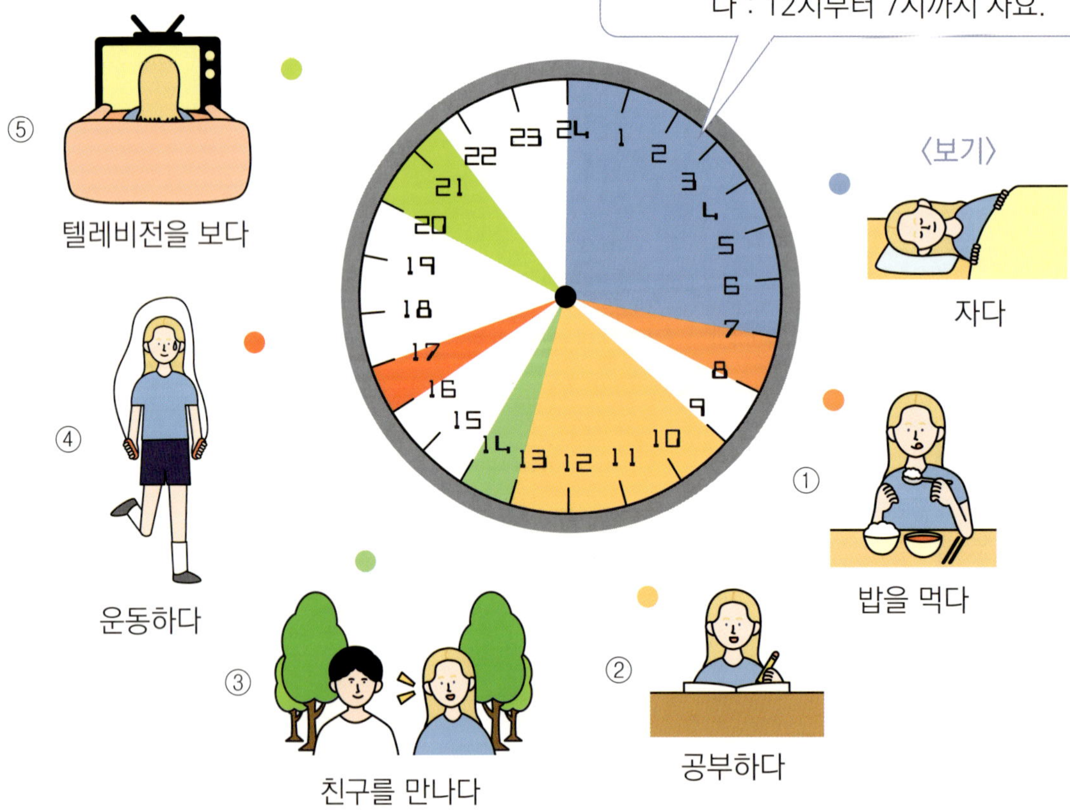

말해요 1

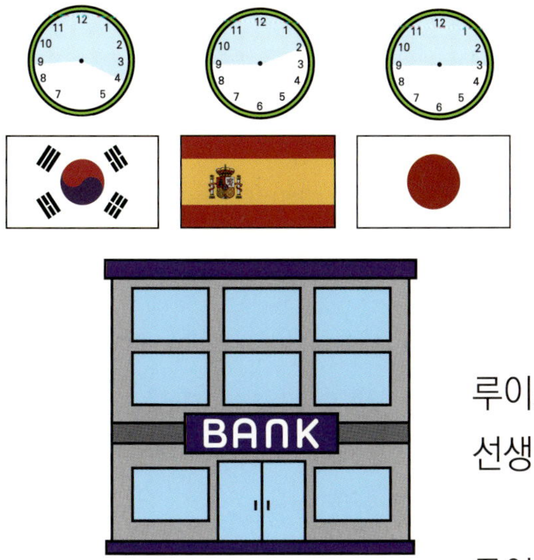

루이스 : 선생님, 한국 은행은 몇 시부터 몇 시까지예요?
선생님 : 한국 은행은 9시부터 4시까지예요.
스페인은요?
루이스 : 스페인 은행은 보통 9시부터 2시까지예요.
하루키 씨, 일본은 어때요?
하루키 : 일본 은행은 보통 9시부터 3시까지예요.

연습 위와 같이 친구와 이야기하세요.
Talk to your classmate as in the conversation above.

①

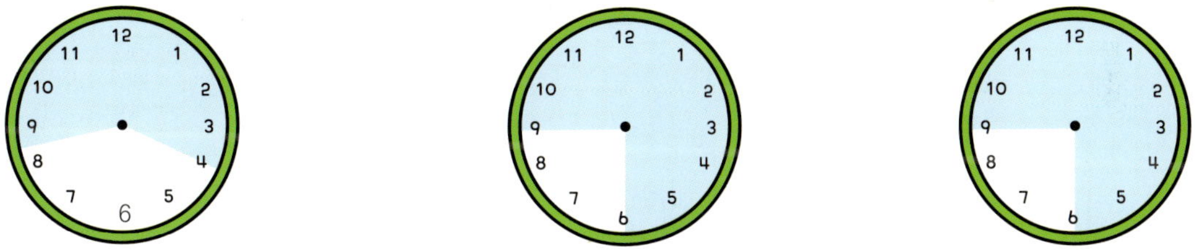

베트남 러시아 페루

②

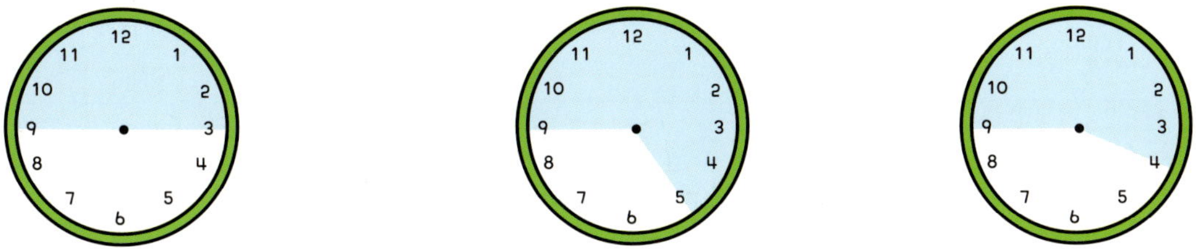

중국 말레이시아 독일

새 단어	은행 bank, 보통 usually, generally

문법 3 날짜

1월	2월	3월	4월	5월	6월
일월	이월	삼월	사월	오월	*유월
7월	**8월**	**9월**	**10월**	**11월**	**12월**
칠월	팔월	구월	*시월	십일월	십이월

1일	2일	3일	…	10일	11일
일일	이일	삼일	…	십일	십일일
12일	**…**	**27일**	**28일**	**29일**	**30일**
십이일	…	이십칠일	이십팔일	이십구일	삼십일

새 단어 | 날짜 date, N년 year, N월 month, N일 day

문법 3 날짜

연습 1 〈보기〉와 같이 친구와 이야기하세요.

Talk with a classmate as shown in the example.

〈보기〉	
오늘 / 1. 9.	가 : 오늘이 몇 월 며칠이에요? 나 : 오늘은 일월 구일이에요.

① 한글날 / 10. 9.

② 어린이날 / 5. 5.

③ 어버이날 / 5. 8.

④ 크리스마스 / 12. 25.

연습 2 〈보기〉와 같이 친구와 이야기하세요.

Talk with a classmate as shown in the example.

〈보기〉	
생일 / 8. 5.	가 : 생일이 언제예요? 나 : 제 생일은 팔월 오일이에요.

① 12. 12. ② 10. 11. ③ 2. 27.

④ 6. 8. ⑤ 1. 30. ⑥ ?

새 단어 며칠 what date, 한글날 Hangeul Day, 어린이날 Children's Day, 어버이날 Mother's Day, 크리스마스 Christmas, 생일 birthday, 언제 when

문법 4 N에

N에	한 시에

가 : 몇 시에 자요?
나 : 11시에 자요.

가 : 언제 운동해요?
나 : 아침에 운동해요.

> Tip. '오늘', '내일', '모레', '어제', '그저께', '지금', '매일'은 뒤에 '에'를 붙이지 않는다.
> '오늘', '내일', '모레', '어제', '그저께', '지금', and '매일' do not have '에' at the end.
> 오늘에 공원에서 산책해요.(×) 오늘 공원에서 산책해요.(○)

연습 〈보기〉와 같이 친구와 이야기하세요.

Talk with a classmate as shown in the example.

〈보기〉

아침 7:00, 산책히다

가 : 언제 산책해요?
나 : 아침 일곱 시에 산책해요.

① 

오전 9:00, 책을 읽다

② 

이번 주말, 쇼핑하다

③ 

금요일, 친구를 만나다

④ 

새벽, 게임하다

⑤ 

평일, 한국어를 배우다

⑥ 

매일, 청소하다

⑦ 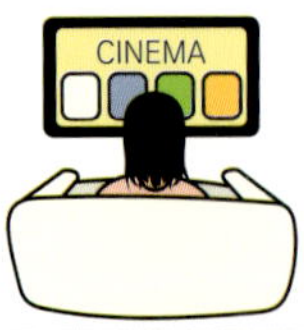

오늘, 영화를 보다

⑧ 

오후 4:00, 숙제하다

⑨ 

______, 커피를 마시다

새 단어 | 매일 every day, 게임하다 to play games, 청소하다 to clean

말해요 2

마리아

(1) 학교에서 한국어를 공부하다

(2) 3시, 백화점에서 친구를 만나다

(3) 매일 공원에서 운동하다

장웨이 : 마리아 씨, 오늘 뭐 해요?
마리아 : 오늘 오전에 학교에서 한국어를 공부해요.
장웨이 : 오후에는 뭐 해요?
마리아 : 3시쯤 백화점에서 친구를 만나요.
장웨이 : 저녁에는 뭐 해요?
마리아 : 저는 저녁에는 매일 공원에서 운동해요.

연습 1 위와 같이 친구와 이야기하세요.

Talk to your classmate as in the conversation above.

①

하루키

(1) 집에서 청소하다

(2) 1시, 집에서 점심을 먹다

(3) 식당에서 친구와 저녁을 먹다

Tip. '아침, 점심, 저녁'은 아침 식사, 점심 식사, 저녁 식사의 의미로도 사용한다.
'아침, 점심, 저녁' is also used to mean breakfast, lunch, and dinner.

②

루이스

(1) 식당에서 요리하다

(2) 4시, 학교에서 친구하고 이야기하다

(3) 집에서 게임하다

연습 2 여러분은 오늘 뭐 해요? 위와 같이 친구와 이야기하세요.

What are you doing today? Talk to your classmate as in the conversation above.

새 단어 | 쯤 about, 이야기하다 to talk, 점심 lunch

들어요

오늘은 몇 월 며칠이에요? 무슨 요일이에요?
What is the date today? What day is it today?

1. 다음을 듣고 질문에 모두 답하세요.
Listen and answer all the questions.

1) 오늘 한국은 며칠이에요?
What is today's date in Korea?

① 20일　　② 21일　　③ 22일

2) 한국은 지금 몇 시예요?
What time is it in Korea?

①

②

③

2. 다음을 듣고 질문에 모두 답하세요.
Listen and answer all the questions.

1) 알맞은 것에 ○ 하세요.
Mark the appropriate option with O.

① 오늘은 8월 (6일 / 9일)이에요.
② 크리스티나의 생일은 (오늘 / 내일)이에요.

2) 맞으면 ○, 틀리면 × 하세요.
Write O for true and X for false.

① 이번 달은 팔월이에요.　　(　　)
② 크리스티나는 화요일에 여행을 해요.　　(　　)

새 단어 | 축하하다 to celebrate

읽어요

평일에 무엇을 해요? 주말에 무엇을 해요?
What do you do during the week? What do you do on the weekend?

1. 다음을 읽고 질문에 답하세요.
Read the following and answer the questions.

> 저는 평일에 9시부터 1시까지 한국어를 공부해요. 주말에는 공부하지 않아요. 토요일 오후에 서울에서 친구를 만나요. 친구하고 같이 밥을 먹어요. 그리고 쇼핑도 해요. 저녁에는 영화관에서 영화를 봐요. 일요일에는 집에서 쉬어요. 집에서 요리와 청소를 해요. 저는 한국 생활이 아주 재미있어요.

1) 토요일에 무엇을 해요? <u>모두</u> 고르세요.
What does he do on Saturdays? Choose all the right ansurens.

①

②

③

④

2) 글의 내용과 같은 것을 고르세요.
Choose the statement that matches the content of the text.

① 화요일에 청소해요.
② 일요일에 친구를 만나요.
③ 월요일에 한국어를 공부해요.
④ 토요일 오전에 서울에서 밥을 먹어요.

새 단어 | 한국 생활 life in Korea

써요

여러분은 주말에 무엇을 해요? 하는 일에 ○ 하세요.
What do you do on the weekends? Circle the activities you do.

7 : 00

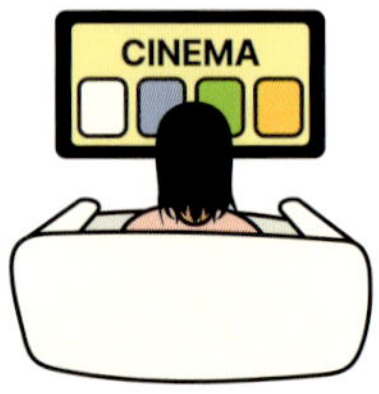

____:____

____:____

____:____

____:____

____:____

____:____

____:____

1. 여러분은 주말에 무엇을 해요? 무엇을 안 해요? 쓰세요.
What do you do on the weekends? What don't you do on the weekends? Write about what you do and don't do on the weekends.

저는 주말 아침에

2. 위의 글을 친구들 앞에서 발표하세요.
Present the above text in front of your classmates.

한국 문화를 배워요

지역번호

Area code

한국에는 17개의 지역번호가 있어요. 휴대폰에는 지역번호가 없지만 사무실, 가게, 식당, 커피숍 등의 번호는 031) 8005-1234처럼 모두 지역번호가 있어요. 여러분 고향의 지역번호는 몇 번이에요?

There are 17 area codes in Korea. Cell phones do not have area codes, but office, store, restaurant, and coffee shop numbers all have area codes, such as 031) 8005-1234. What is the area code for your hometown?

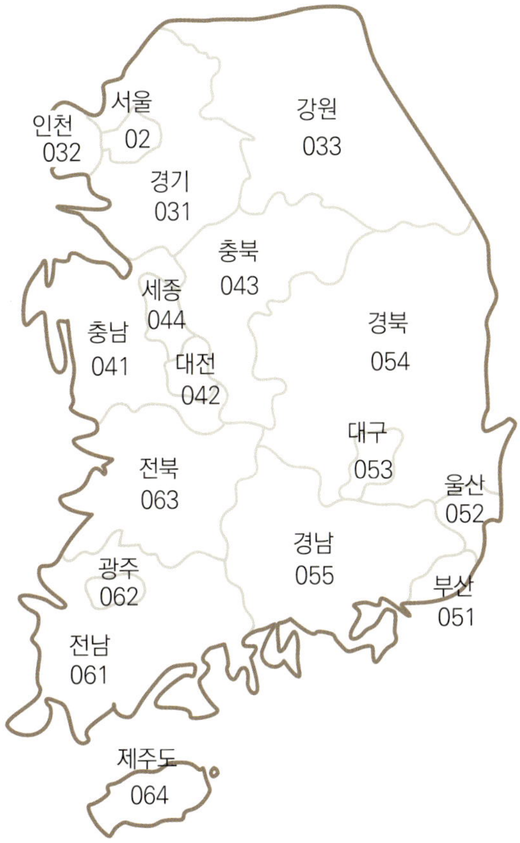

따라해요

받침 ‘ㄷ’ 뒤에 있는 ‘ㄱ, ㄷ, ㅂ, ㅅ, ㅈ’은 [ㄲ, ㄸ, ㅃ, ㅆ, ㅉ]로 발음해요.

‘ㄱ, ㄷ, ㅂ, ㅅ, ㅈ’ after the final consonant ‘ㄷ’ are pronounced as [ㄲ, ㄸ, ㅃ, ㅆ, ㅉ].

닫다[닫따]　　　　있고[읻꼬]

몇 시[멷씨]

- 몇 시에 친구를 만나요?

확인해요

1. 다음 그림을 보고 알맞은 단어를 쓰세요.

Look at the following picture and write down the appropriate words.

월요일	화요일	수요일	3)	금요일	토요일	일요일
			1	2	3	4
5	6	7 〈보기〉 어제	8 1)	9 2)	10	11
12	13	14	15 5)	16	17	18

4) ← 토요일 ~ 일요일 →

2. 다음 대화를 완성하세요.

Complete the following conversation.

1) 

가: 지금 몇 시예요?

나: ______________________.

2) 가: 보통 몇 시에 자요?

나: ______________________.

3) **12월**

월요일	화요일	수요일	목요일	금요일	토요일	일요일
				1	2	3
4	5 오늘	6	7	8	9	10

가: 오늘이 며칠이에요?

나: 오늘은 ______________________.

4) 가: 무함마드 씨는 언제 운동해요?

나: 저는 매일 오후 4시______ 5시______ 운동해요.

07 내일 공원에 갈까요?

- 내일 무엇을 해요?
- 누구와 같이 공원에 가요?

학습목표 1. 제안하여 말할 수 있다.
You will be able to make suggestions.

2. 과거의 일, 상태를 말할 수 있다.
You will be able to talk about past events and states.

문 법 1. N에 가다/오다

2. V-을까요?/ㄹ까요?

3. ㅡ 탈락

4. A/V-았어요/었어요

단어 1

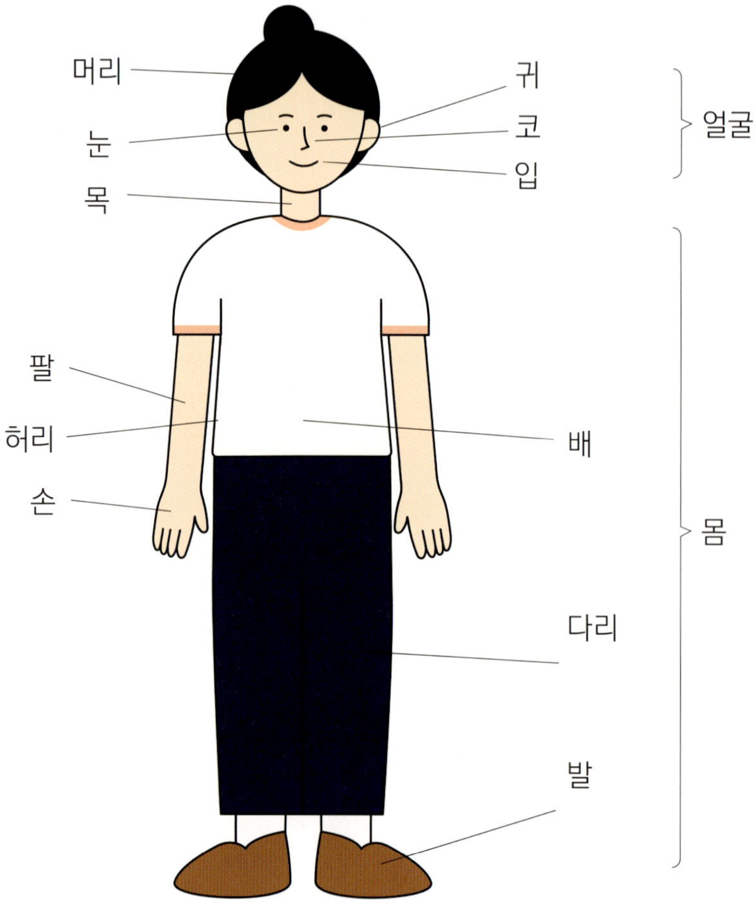

연습 이거는 뭐예요? 그림과 같이 친구와 이야기하세요.
What is it? Talk to your classmate as shown in the picture.

단어 2

크다

쓰다

아프다

예쁘다

나쁘다

바쁘다

배고프다

슬프다

가다

오다

연습 〈보기〉와 같이 친구와 이야기하세요.

Talk with a classmate as shown in the example.

〈보기〉

가방: 크다, 비싸다

가 : 가방이 어때요?

나 : 크고 비싸요.

①

친구: 예쁘다, 귀엽다

②

마디나: 바쁘다, 피곤하다

③

서민우: 배고프다, 힘들다

④

사라: 머리가 아프다, 피곤하다

문법 1 N에 가다/오다

N에 가다/오다	학교에 가다 한국에 오다

가 : 어디에 가요?
나 : 기숙사에 가요.

가 : 언제 집에 와요?
나 : 저녁 7시에 집에 와요.

연습 1 〈보기〉와 같이 친구와 이야기하세요.

Talk with a classmate as shown in the example.

〈보기〉

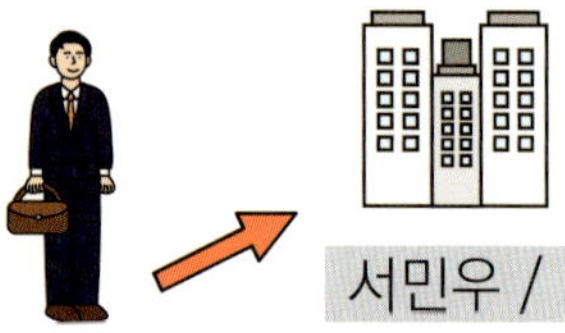

서민우 / 회사

가 : 서민우 씨는 지금 어디에 가요?
나 : 회사에 가요.

① 

사라 / 영화관

② 

무함마드 / 백화점

③ 

판야 / 노래방

연습 2 〈보기〉와 같이 친구와 이야기하세요.

Talk with a classmate as shown in the example.

〈보기〉

8시, 학교

가 : 언제 학교에 와요?
나 : 8시에 학교에 와요.

① 

9시, 기숙사

② 

토요일, 도서관

③ 

오후, 커피숍

새 단어 | 회사 company, 노래방 karaoke

문법 2 V-을까요?/ㄹ까요?

V (받침○) + 을까요?	먹을까요?
V (받침×) + ㄹ까요?	갈까요?

가 : 우리 같이 공부할까요?
나 : 네, 좋아요.

가 : 우리 토요일에 만날까요?
나 : 미안해요. 토요일에 시간이 없어요.

연습 〈보기〉와 같이 친구와 이야기하세요.
Talk with a classmate.

〈보기〉

식당에 가다

가 : 우리 같이 식당에 갈까요?
나 : ○ 네, 좋아요.
× 미안해요. 시간이 없어요.

① 

서점에 가다 ○

② 

운동하다 ×

③ 

밥을 먹다 ○

④ 

커피숍에 가다 ×

⑤ 

영화를 보다 ○

⑥ ?

새 단어 시간 time

말해요 1

장웨이 : 마리아 씨, 이번 주말에 시간이 있어요?
마리아 : 네, 있어요. 왜요?
장웨이 : 이번 주말에 같이 서울에 갈까요?
마리아 : 좋아요. 서울에서 뭐 할까요?
장웨이 : 명동에서 밥을 먹을까요?
마리아 : 네, 좋아요.
그럼 몇 시에 어디에서 만날까요?
장웨이 : 토요일 오전 10시에 학교 앞에서 만나요.

(1) 이번 주말
(2) 서울
(3) 명동, 밥을 먹다
(4) 토요일 오전 10시, 학교 앞

연습 1 위와 같이 친구와 약속을 정하세요.

Make an appointment with your classmate as described above.

①

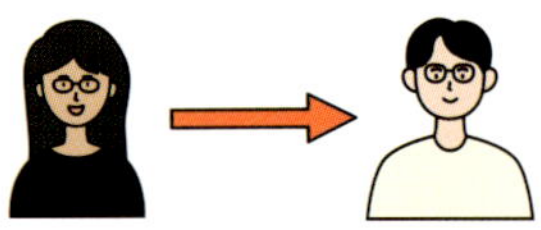

린 → 김우진

(1) 내일
(2) 백화점
(3) 옷을 사다
(4) 내일 오후 4시, 기숙사 앞

②

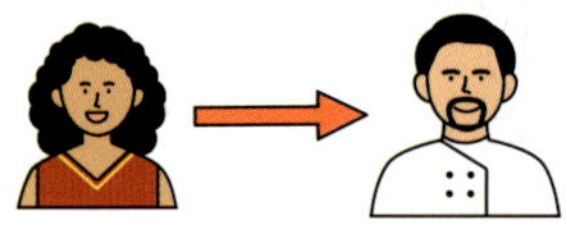

사라 → 무함마드

(1) 다음 주말
(2) 공원
(3) 자전거를 타다
(4) 일요일 낮 2시, 학교 앞

연습 2 간단히 메모하고 친구와 약속을 정하세요.

Write a quick note and make an appointment with a classmate.

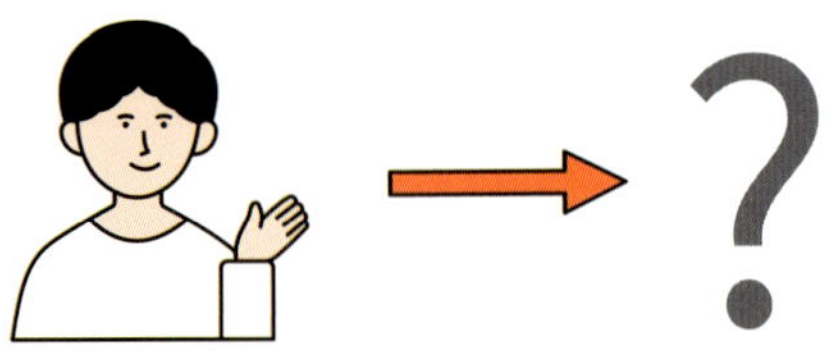

- 언제? ____________
- 어디? ______에 가다
- 무엇? ____________

* __________, ________

새 단어 | 명동 Myeongdong, 그럼 then, 자전거 bike, 타다 to ride

문법 3 ㅡ 탈락

아프다/나쁘다/배고프다/바쁘다	(ㅏ, ㅗ ○) + 아요	아파요
크다/쓰다/예쁘다/슬프다	(ㅏ, ㅗ ×) + 어요	써요

가 : 옷이 어때요?
나 : 커요.

가 : 배고파요?
나 : 네, 너무 배고파요.

연습 〈보기〉와 같이 알맞은 단어를 찾아 친구와 이야기하세요.
Find the right word, such as in the example, and talk about it with your friend.

〈보기〉

학교

가 : 학교가 어때요?
나 : 커요.

크다　배고프다　예쁘다　바쁘다　슬프다　아프다　나쁘다

① 

선생님

② 

호세

③ 

가방

④ 

마디나

⑤ 

날씨

⑥ 

영화

새 단어 | 날씨 weather

문법 4 A/V-았어요/었어요

A/V (ㅏ, ㅗ ○) + 았어요	갔어요
A/V (ㅏ, ㅗ ×) + 었어요	먹었어요
A/V (~하다) → 했어요	공부했어요
N (받침 ○) + 이었어요	학생이었어요
N (받침 ×) + 였어요	학교였어요

가 : 어제 무엇을 했어요?
나 : 등산했어요.

가 : 지난 주말에 도서관에 갔어요?
나 : 아니요, 안 갔어요.

연습 〈보기〉와 같이 친구와 이야기하세요.
Talk with a classmate as shown in the example.

〈보기〉

○
어제, 영화를 보다

가 : 어제 영화를 봤어요?
나 : 네, 봤어요.

①  ○
지난 주말, 학교에 가다

②  ×
어제 저녁, 운동하다

③  ×
지난주, 아프다

④  ○
작년, 바쁘다

⑤  ×
오늘 아침, 밥을 먹다

⑥  ○
지난달, 생일

새 단어 | 등산하다 to hike, 작년 last year

말해요 2

(1) 명동

(2) 쇼핑하다, 밥을 먹다

(3) 머리, 집에서 쉬다

마리아 : 우진 씨, 어제 뭐 했어요?
김우진 : 저는 명동에 갔어요. 명동에서 쇼핑하고 밥도 먹었어요.
　　　　마리아 씨는 어제 어디에 갔어요?
마리아 : 저는 어제 머리가 조금 아팠어요.
　　　　그래서 집에서 쉬었어요.
김우진 : 지금은 괜찮아요?
마리아 : 네, 괜찮아요.

연습 1 어제 무엇을 했어요? 위와 같이 친구와 이야기하세요.

What did they do yesterday? Talk to your classmate as in the conversation above.

①

(1) 도서관

(2) 책을 읽다, 공부하다

크리스티나

하루키

(3) 다리, 병원에 가다

②

(1) 공원

(2) 산책하다, 사진을 찍다

엔흐진

사라

(3) 배, 약국에서 약을 사다

연습 2 여러분은 어제 무엇을 했어요? 친구는 무엇을 했어요? 간단히 메모하고 친구와 이야기하세요.

What did you do yesterday? What did your classmates do?
Take a quick note and discuss it with your classmates.

저　　　: ______________________________

________ : ______________________________

새 단어 | 그래서 so, 괜찮다 okay, 병원 hospital, 찍다 to take, 약국 pharmacy, 약 medicine

들어요

이 사람은 어디가 아파요?
Where is this person hurt?

1. 여자는 어디가 아파요? 대화를 듣고 아픈 곳에 모두 ○ 하세요.
Where is she hurt? Listen to the conversation and circle all the places that hurt.

2. 다음을 듣고 질문에 모두 답하세요.
Listen and answer all the questions.

1) 루이스가 지난 주말에 한 것을 모두 고르세요.
Choose all the things Louis did last weekend.

① 
② 
③ 
④ 

2) 크리스티나는 지난 주말에 무엇을 했어요? 쓰세요.
What did Christina do last weekend? Write about it.

____

3. 맞으면 ○, 틀리면 × 하세요.
Write "○" for true and "×" for false.

1) 하루키는 오늘 회사에 가요. ( )

2) 두 사람은 내일 만나지 않아요. ( )

Tip. 상대방의 제안에 거절할 때 '미안하지만 일이 있어요.', '미안해요. 좀 바빠요.'라고 말할 수 있다.
You can say 'I'm sorry, but I have something to do' or 'I'm sorry. I'm a little busy' when you decline an offer from someone.
예) 가 : 내일 같이 쇼핑할까요?
나 : 미안해요. 내일은 좀 바빠요.

새 단어 | 많이 many / a lot

읽어요

여기는 어디예요?
Where is this?

1. 다음을 읽고 질문에 답하세요.
Read the following and answer the questions.

20XX년 5월 20일

〈서울 여행〉

저는 오늘 혼자 서울에 갔어요. 낮에 명동에 갔어요. 명동은 사람이 많고 복잡했어요. 저는 명동에서 모자를 샀어요. 조금 비쌌지만 귀여웠어요. 그리고 저녁에 N서울타워에 갔어요. 사람들이 아주 많았어요. N서울타워 1층 식당에서 밥도 먹었어요. 맛있었지만 조금 비쌌어요. 그리고 야경도 봤어요. 정말 예뻤어요. 오늘은 아주 재미있었어요.

1) 오늘 무엇을 안 했어요?
What didn't he do today?

① 
② 
③ 
④ 

2) 위 글의 내용과 같은 것을 고르세요.
Choose the statement that matches the content of the above text.

① 저는 옷을 샀어요.
② 저는 서울에서 밥을 먹었어요.
③ 명동에 사람이 많지 않았어요.
④ 저는 친구와 같이 서울에 갔어요.

2. 여러분은 한국에서 혼자 어디에 갔어요? 어땠어요?
Where did you go alone in Korea? How was it?

새 단어 | 혼자 alone, 복잡하다 to be crowded, complicated, N서울타워 N Seoul Tower, 야경 night view

써요

지난 주말에 어디에 갔어요? 무엇을 했어요? 어땠어요?

Where did you go last weekend? What did you do? How was it?

토요일	일요일
• 어디? ____ • 무엇? ____ ____ • 어땠어요? ____	• 어디? ____ • 무엇? ____ ____ • 어땠어요? ____

1. 지난 주말에 어디에서 무엇을 했어요? 어땠어요? 일기를 쓰세요.

Where did you go and what did you do last weekend? How was it? Write a diary.

년 월 일	☀ ☁ ☂ ☃

2. 위의 글을 친구들 앞에서 발표하세요.

Present the above text in front of your classmates.

한국 문화를 배워요

밥 한번 먹어요!

Let's have some food!

한국 사람들은 헤어질 때 '언제 밥 한번 먹어요.', '언제 한번 봐요.'라고 인사하기도 해요.
정말 밥을 같이 먹을까요? 아닐 때가 더 많을 거예요.

When people in Korea say goodbye, they say, "Let's have a meal together sometime," or "Let's meet sometime." Will they really eat together? Probably not. This is spoken more as a formality and is considered being polite in Korea, but it doesn't necessarily mean the speaker actually intends to meet.

따라해요

받침 'ㄱ' 뒤에 'ㅁ, ㄴ'이 있으면 'ㄱ'을 [ㅇ]으로 발음해요.

If there is a final consonant 'ㄱ' followed by 'ㅁ, ㄴ', 'ㄱ' is pronounced as [ㅇ].

작년[장년] 국물[궁물]
먹는[멍는]

- 작년에 한국에 왔어요.

확인해요

1. 다음 그림을 보고 알맞은 단어를 쓰세요.

Look at the following picture and write down the appropriate words.

3)  (　　　　)

4)  (　　　　)

5)  (　　　　)

2. 다음 대화를 완성하세요.

Complete the following conversation.

1) 가 : 그 영화가 어때요?
   나 : 아주 ___________.(슬프다)

2) 가 : ___________________________?
   나 : 좋아요. 같이 영화관에 가요.

3) 가 : 보통 몇 시에 학교에 와요?
   나 : ___________________________.

4) 가 : 지난 주말에 친구를 만났어요?
   나 : 아니요. 집에서 ____________.(쉬다)

08 비빔밥 한 그릇 주세요.

- 식당에서 무엇을 먹어요?
- 비빔밥은 얼마예요?

학습목표
1. 식당에서 주문할 수 있다.
   You will be able to order at a restaurant.
2. 물건의 가격을 말할 수 있다.
   You will be able to tell the price of goods.

문법
1. V-고 싶다
2. A/V-으니까/니까
3. V-으세요/세요 ①
4. V-지 마세요

단어 1

100	1,000	10,000	100,000	1,000,000
백	천	만	십만	백만

10,000,000	100,000,000			
천만	억	동전	지폐	N 원

연습 얼마예요? 〈보기〉와 같이 친구와 이야기하세요.

How much is it? Talk with a classmate as shown in the example.

〈보기〉

17,000원

① 

4,700원

② 

83,000원

③ 

695,000원

④ 

2,100,000원

⑤ 

57,000,000원

⑥ 

900,000,000원

새 단어 | 얼마예요? How much is it?, 자동차 car

단어 2

음식

비빔밥 라면 냉면 김치찌개 불고기

사이다 콜라 주스 우유 맥주

연습 그림을 보고 알맞은 단어를 쓰세요. 〈보기〉와 같이 친구와 이야기하세요.
Look at the picture and write the correct words. Talk with a classmate as shown in the example.

〈보기〉 가 : 비빔밥이 얼마예요?
나 : 12,000원이에요.

메 뉴

(비빔밥) 12,000원
( ) 13,000원
( ) 10,000원
( ) 5,500원
( ) 4,000원

새 단어 | 음료 drink, 메뉴 menu

단어 3

맛

짜다

맵다

시다

달다

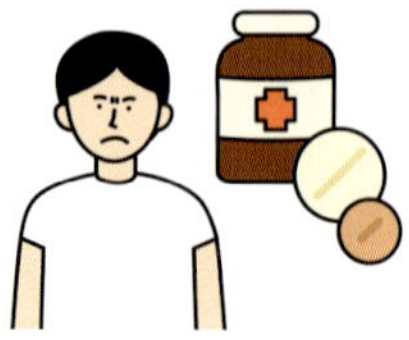

쓰다

N 조각

N 그릇

N 인분

N 잔

N 병

> Tip. N 그릇, N 잔, N 병 – 한, 두, 세, 네 …
> N 인분 – 일, 이, 삼, 사 …

연습 〈보기〉와 같이 알맞은 것을 연결하고 친구와 이야기하세요.
Connect the appropriate ones as shown in the example and discuss them with your classmate.

〈보기〉 가 : 라면을 몇 그릇 먹었어요?
나 : 두 그릇 먹었어요.

〈보기〉 라면 ·	·  ·	· 2병
① 불고기 ·	·  ·	· 1잔
② 콜라 ·	· 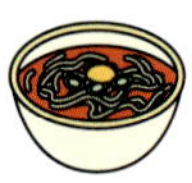 ·	· 5조각
③ 커피 ·	·  ·	· 2그릇
④ 피자 ·	·  ·	· 2인분

새 단어 맛 taste, 피자 pizza

문법 1 V-고 싶다

V + 고 싶다	먹고 싶다

Tip. 다른 사람이 하고 싶은 일을 말할 때는 'V-고 싶어 하다'를 사용한다.
When you say what others want to do, you use the phrase, 'V-고 싶어 하다'.
예) 저는 집에 가고 싶어요.
판야 씨는 집에 가고 싶어 해요.

연습 〈보기〉와 같이 친구와 이야기하세요.
Talk with a classmate as shown in the example.

〈보기〉

무엇, 사다 / 빵

가 : 무엇을 사고 싶어요?
나 : 빵을 사고 싶어요.

①

어디, 가다 / 서울

②

누구, 만나다 / 친구

③

무엇, 하다 / 책

④

언제, 라면을 먹다 / 오늘 밤

새 단어 | 빵 bread

문법 2 A/V-으니까/니까

A/V (받침 ○) + 으니까	먹으니까
A/V (받침 ×) + 니까	가니까
N (받침 ○) + 이니까	선생님이니까
N (받침 ×) + 니까	학교니까

연습 〈보기〉와 같이 친구와 이야기하세요.

Talk with a classmate as shown in the example.

〈보기〉

커피를 마시다 / 바쁘다

①

산책하다 / 배가 아프다

②

노래방에 가다 / 피곤하다

③

김치찌개를 먹다 / 배고프지 않다

④

도서관에 가다/ 주말

새 단어 | 왜 why

말해요 1

(조금 짜다 ↔ 맛있다)
1개, 3,500원

호세 : 사라 씨, 배가 고프니까 편의점에 갈까요?
사라 : 좋아요. 뭘 먹고 싶어요?
호세 : 같이 컵라면을 먹을까요?
사라 : 저는 어제도 컵라면을 먹었어요.
호세 : 그래요? 맛있었어요?
사라 : 조금 짜지만 맛있었어요.
호세 : 한 개에 얼마예요?
사라 : 한 개에 3,500원이에요.
호세 : 저도 그거 먹고 싶어요. 빨리 가요.

> Tip. 물건의 값을 묻고 답할 때 다음과 같이 말한다. When you ask and answer the price of an item, you say as follows.
> N에 얼마예요? – 사과 한 개에 얼마예요? How much is it for N?
> N에 얼마예요. – 사과 한 개에 1,000원이에요. N is N won.

연습 1 위와 같이 친구와 이야기하세요.
Talk to your classmate as in the conversation above.

① 마트

사과
(달다 + 맛있다)
3개, 2,000원

② 커피숍

레몬차
(시다 + 달다)
1잔, 6,000원

③ 식당

비빔밥
(조금 맵다 ↔ 맛있다)
1그릇, 9,000원

④ 식당

김치찌개
(조금 맵다 + 짜다)
1인분, 12,000원

연습 2 친구와 편의점에 가서 물건을 사세요.
Go to the convenience store with your friend and buy some items.

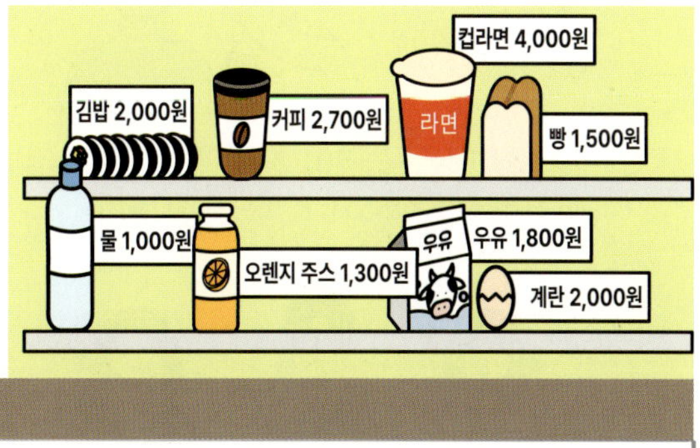

> Tip. 1. '그래요?' 상대방한테 처음 듣는 정보에 가볍게 호응할 때 사용한다.
> '그래요?' Use it to respond lightly to the information you hear for the first time from the other person.
> 2. '무엇을'은 짧게 줄여서 '뭘'로 말할 수 있다.
> You can shorten '무엇을' to '뭘'.

새 단어 | 편의점 convenience store, 빨리 quickly, 사과 apple, 레몬차 lemon tea, 컵라면 cup noodles, 계란 egg

문법 3 V-으세요/세요 ①

V (받침 O) + 으세요	읽으세요
V (받침 ×) + 세요	가세요

> Tip. 어른에게 말할 때처럼 공손하게 말할 때는 다음과 같이 바꿔서 사용한다.
> When speaking politely, as you would to a senior, change the words as follows.
> 먹다 → 드세요/잡수세요, 마시다 → 드세요, 자다 → 주무세요

연습 다음 단어를 사용해서 게임을 하세요.
Use the following words to play the game.

의자에 앉다 / 책을 읽다 / 이름을 쓰다 / 전화하다 / 친구와 이야기하다 / 칠판을 보다 / 책상을 청소하다

① 친구가 할 행동을 옆에 친구에게 귓속말로 말하세요.
Friend number 1, whisper to the friend next to you about what he or she is going to do.

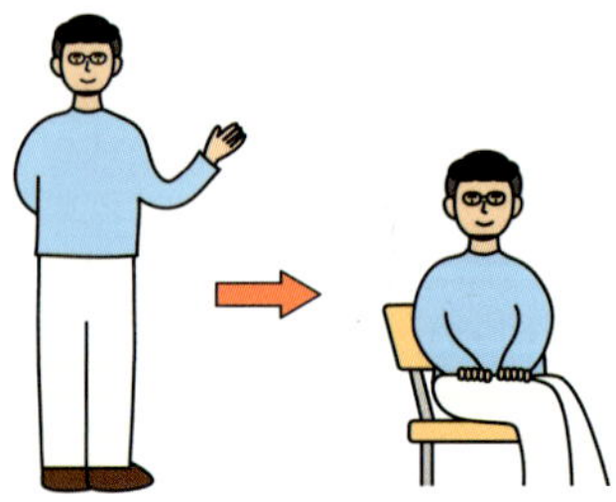

② 친구의 이야기를 듣고 행동하세요.
Friend number 2, listen carefully to what Friend number 1 said and act accordingly.

③ 다른 친구들은 2번 친구의 행동을 보고 1번 친구가 무슨 말을 했는지 맞춰 보세요.
Other friends observe the action of Friend number 2 and guess what Friend number 1 said.

새 단어 | 앉다 to sit

문법 4 V-지 마세요

V + 지 마세요	가지 마세요

연습 1 그림을 보고 〈보기〉와 같이 말하세요.
Look at the picture and speak as shown in the example.

연습 2 〈보기〉와 같이 우리 교실의 규칙을 만드세요.
Make the rules of our classroom as shown in the example.

〈보기〉 교실에서 라면을 먹지 마세요.

새 단어: 박물관 museum, 쓰레기 trash, 버리다 to throw away, 담배 cigarette, 피우다 to smoke, 술 alcoholic drink, 규칙 rule

말해요 2

직　원 : 어서 오세요.
루이스 : 이 식당은 뭐가 맛있어요?
직　원 : 비빔밥이 맛있어요.
루이스 : 그럼 비빔밥 3그릇 주세요.
직　원 : 네, 잠시만 기다리세요.

…

직　원 : 여기 있어요. 뜨거우니까 만지지 마세요.
루이스 : 네, 알겠습니다.

…

루이스 : 비빔밥이 아주 맛있었어요. 모두 얼마예요?
직　원 : 30,000원이에요.
루이스 : 여기 있어요.
직　원 : 네, 감사합니다. 안녕히 가세요.

연습 그림을 보고 위와 같이 친구와 이야기하세요.
Look at the picture and talk to your classmate as shown above.

① 
2인분
뜨겁다, 만지다

22,000원

② 

3인분　2병
이거는 쓰레기통이 아니다,
여기에 쓰레기를 버리다

40,000원

③ 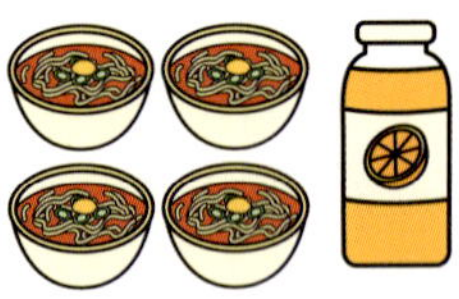
4그릇　1병
여기는 식당이다, 담배를 피우다

26,000원

새 단어

직원 staff, 잠시만 기다리세요 please, wait a moment, 모두 all, 뜨겁다 to be hot, 만지다 to touch, N 주세요 to give to me N, 알겠습니다 I got it

들어요

이 물건은 얼마예요?
How much is this item?

₩990,000

₩15,000

₩2,230,000

1. 다음을 듣고 질문에 모두 답하세요.
Listen and answer all the questions.

1) 사라는 지금 어디에 가요?
Where is Sarah going now?

① 학교　② 식당　③ 커피숍　④ 편의점

2) 사라는 무엇을 사요?
What does Sarah buy?

 (　　　　　)하고  (　　　　　)을 사요.

3) 맞으면 ○, 틀리면 × 하세요.
Listen carefully. If correct, write O. If incorrect, write X.

① 주스의 맛은 달아요.　(　　)
② 주스는 2병에 2,800원이에요.　(　　)
③ 사라는 빵을 먹고 싶지 않아요.　(　　)

Tip. 원하지 않으면 'V-고 싶지 않다', '안 V-고 싶다'를 사용한다.
If you don't want to do something, use 'V-고 싶지 않다', or '안 V-고 싶다'.
예) 먹고 싶지 않아요 = 안 먹고 싶어요
공부하고 싶지 않아요 = 공부 안 하고 싶어요

2. 다음을 듣고 질문에 답하세요.
Listen carefully to the following and answer the questions.

1) 무엇이 이 교실의 규칙이 아니에요?
Which one is not a classroom rule?

① × 
② × 
③ 
④ 

3. 우리 교실의 규칙이 뭐예요?
What are the rules of our classroom?

읽어요

여러분은 식당에서 무엇을 먹어요? 얼마예요?
What do you eat at a restaurant? How much is it?

1. 다음을 읽고 맞는 것을 고르세요.
Read the following and choose the correct one.

저는 무함마드예요. 저는 한국 음식을 좋아해요. 특히 불고기가 맛있어요. 불고기는 1인분에 18,000원이에요. 조금 비싸지만 달고 맛있어요. 그래서 저는 매일 한국 식당에 가요. 저는 보통 불고기 일 인분하고 밥 한 그릇을 먹어요. 다음에 가족과 같이 한국 식당에 가고 싶어요. 가족들과 한국 음식을 먹고 싶어요.

1) 무함마드는 식당에서 무엇을 먹어요?
What does Muhammad eat in the restaurant?

① 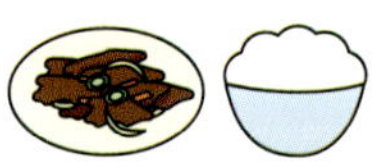

② 

③ 

2) 위 글의 내용과 같은 것을 고르세요.
Choose the answer that matches the above passage.

① 밥은 달고 맛있어요.
② 불고기는 싸고 맛있어요.
③ 무함마드는 불고기를 특히 좋아해요.
④ 무함마드의 가족은 한국 식당에 가고 싶어 해요.

새 단어 | 좋아하다 to like, 특히 especially, 가족 family

써요

여러분은 무슨 음식을 좋아해요? 친구와 이야기하고 쓰세요.
What kind of food do you like? Talk to your classmate and write it down.

음식 이름이 뭐예요?
얼마예요?
음식의 맛이 어때요?
어디에서 먹어요?
누구와 같이 먹고 싶어요?

1. 여러분이 좋아하는 음식을 소개하세요.
Introduce your favorite food.

2. 위의 글을 친구들 앞에서 발표하세요.
Present the above text in front of your classmates.

한국 문화를 배워요

한국의 돈

Korean currency

한국의 돈은 동전과 지폐가 있어요. 여러분 나라의 돈은 어때요?

Korean money has coins and banknotes. How about the currency in your country?

동전

십 원(10원)

오십 원(50원)

백 원(100원)

오백 원(500원)

지폐

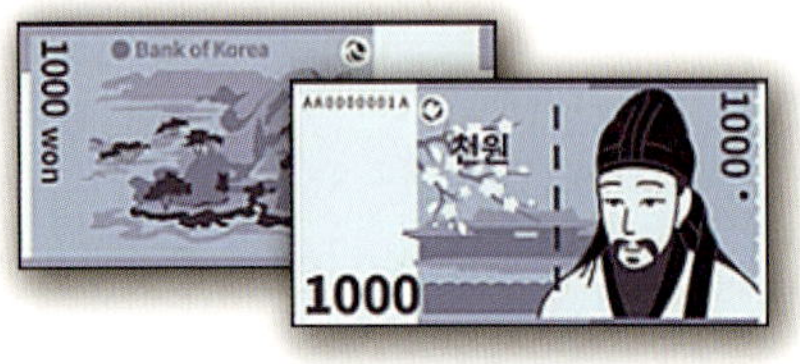

천 원(1,000원)

오천 원(5,000원)

만 원(10,000원)

오만 원(50,000원)

따라해요

받침 'ㄵ, ㄼ, ㄾ, ㅄ'이 단어의 마지막에 있거나 모음 앞에 있으면 [ㄴ,ㄹ,ㅂ]으로 발음해요.

If the final consonants 'ㄵ, ㄼ, ㄾ, ㅄ' are placed at the end of a word or before a vowel, it is pronounced as [ㄴ,ㄹ,ㅂ].

값[갑]	여덟[여덜]
넓어요[널버요]	앉아요[안자요]

- 방이 넓어요.

확인해요

1. 다음 그림을 보고 알맞은 단어를 쓰세요.
Look at the following pictures and write down the appropriate words.

〈보기〉

(동전)

1)

(   )

2)

(   )원

3)

(   )

4)

(   )

5)

피자 (   )

2. 다음 대화를 완성하세요.
Complete the following conversation.

1) 가 : 이 버스가 서울역에 가요?

나 : 네, 가요. 어서 ________________. (타다)

2) 가 : 약을 드시니까 술을 ________________. (마시다)

나 : 네, 알겠습니다.

3) 가 : 사라 씨, 피곤해요?

나 : 네. 그래서 집에서 ________________. (쉬다)

4) 가 : 내일이 ___________ 우리 같이 공부할까요? (시험이다)

나 : 좋아요. 오후에 도서관에서 만나요.

단국한국어 1-가

종합 평가

듣기

[1~5] 다음을 듣고 〈보기〉와 같이 물음에 맞는 답을 고르십시오.

〈보기〉

가 : 물이에요?

나 : ____________________.

❶ 네, 물이에요. ② 네, 물이 아니에요.

③ 아니요, 물이 좋아요. ④ 아니요, 물이 맛있어요.

1. ① 학생이에요. ② 네, 학생이에요.
   ③ 무함마드예요. ④ 인도네시아예요.

2. ① 네, 휴지예요. ② 네, 휴지가 없어요.
   ③ 아니요, 휴지가 있어요. ④ 아니요, 휴지가 없어요.

3. ① 지우개예요. ② 지우개가 있어요.
   ③ 지우개도 있어요. ④ 지우개가 없어요.

4. ① 한국 음식을 먹었어요. ② 네, 집에서 쉬었어요.
   ③ 아니요, 학교에 안 갔어요. ④ 친구하고 백화점에 갔어요.

5. ① 교실에 선생님이 있어요. ② 교실에서 친구를 안 만나요.
   ③ 네, 교실에서 선생님을 만나요. ④ 아니요, 교실에서 선생님과 같이 공부해요.

[6~7] 다음을 듣고 〈보기〉와 같이 이어지는 말을 고르십시오.

〈보기〉

가 : 안녕히 계세요.

나 : ____________________.

① 말씀하세요. ② 어서오세요.

❸ 안녕히 가세요. ④ 안녕히 계세요.

6. ① 언제 파티를 해요? ② 파티가 시끄러워요?
   ③ 저는 파티를 안 해요. ④ 파티가 좋지만 비싸요.

7. ① 옷이 아주 싸요. ② 저는 옷이 많아요.
   ③ 그럼 백화점에 같이 갈까요? ④ 저는 어제 백화점에 갔어요.

[8] 다음 대화를 듣고 알맞은 그림을 고르십시오.

①

②

③

④

읽기

[1~5] 무엇에 대한 이야기입니까? 〈보기〉와 같이 알맞은 것을 고르십시오.

〈보기〉

저는 호세입니다. 제 친구는 무함마드입니다.

① 요일　② 날짜　❸ 이름　④ 물건

1. 저는 학생입니다. 루이스 씨는 요리사입니다.

① 이름　② 직업　③ 나라　④ 학교

2. 사라 씨는 커피를 마십니다. 아마드 씨는 주스를 마십니다.

① 음료　② 날짜　③ 물건　④ 시간

3. 저는 카메라가 있어요. 제 친구는 노트북이 있어요.

① 물건　② 나라　③ 이름　④ 사람

4. 식당에 김치찌개가 있어요. 불고기도 있어요.

① 맛　② 메뉴　③ 음료　④ 이름

5. 여기에서 모자를 사요. 그리고 밥도 먹어요.

① 공원　② 식당　③ 백화점　④ 도서관

[6~10] 〈보기〉와 같이 (　　　)에 들어갈 가장 알맞은 것을 고르십시오.

〈보기〉

(　　　　　)에 갑니다. 밥을 먹습니다.

① 서점　　② 공원　　❸ 식당　　④ 학교

6. 레몬차가 아주 (　　　　　　　).

① 셔요　　② 써요　　③ 매워요　　④ 달아요

7. 배가 고픕니다. 비빔밥을 한 (　　　　　　　) 먹고 싶습니다.

① 개　　② 인분　　③ 그릇　　④ 조각

8. 오늘은 10일입니다. (　　　　　　　)은/는 12일입니다.

① 어제　　② 내일　　③ 모레　　④ 그저께

9. 어제 배가 아팠어요. 그래서 집에서 (　　　　　　　).

① 나빴어요　　② 찍었어요

③ 슬펐어요　　④ 쉬었어요

10. 저는 한국 음식을 좋아합니다. (　　　　　　　) 냉면을 좋아합니다.

① 너무　　② 많이　　③ 빨리　　④ 특히

단국한국어

1-가

부록

부록 1 문법 해설 Grammar Explanation

1과

N입니까?
N입니다

명사 뒤에 붙어 격식적인 상황에서 주어의 상태나 속성을 질문하거나 말할 때 사용한다.
It is attached to a noun and used to ask or speak about the state or attribute of a subject in a formal situation.

N (받침○) + 입니까?/입니다	한국입니까? 한국입니다
N (받침×) + 입니까?/입니다	배우입니까? 배우입니다

예시) • 학생입니다.
• 가: 누구입니까?
나: 무함마드입니다.

N은/는

명사 뒤에 붙어 문장의 주제를 나타낸다. '은'은 앞음절이 받침으로 끝날 때 사용하며 '는'은 앞음절이 모음으로 끝날 때 사용한다.
It is attached after a noun to indicate the subject of the sentence. '은' is used when the preceding syllable ends in a consonant, and '는' is used when the preceding syllable ends in a vowel.

N (받침○) + 은	한국은
N (받침×) + 는	저는

예시) • 저는 몽골 사람입니다.
• 가: 선생님은 어느 나라 사람입니까?
나: 선생님은 한국 사람입니다.

N이에요/예요

명사 뒤에 붙어 비격식적인 상황에서 주어의 상태나 속성을 질문하거나 나타낼 때 사용한다.
It is attached after a noun to ask about or indicate the state or attribute of the subject in informal situations.

N (받침○) + 이에요	선생님이에요
N (받침×) + 예요	의사예요

예시) • 저는 회사원이에요.
• 가: 한국 사람이에요?
나: 네, 한국 사람이에요.

N이/가 아니에요

명사 뒤에 붙어 비격식적인 상황에서 주어의 상태나 속성을 부정할 때 사용한다.
It is attached after a noun to negate the state or attribute of the subject in informal situations.

N (받침○) + 이 아니에요	한국 사람이 아니에요
N (받침×) + 가 아니에요	요리사가 아니에요

예시) • 무함마드 씨는 선생님이 아니에요.
• 가: 사라 씨는 의사예요?
나: 아니요, 사라 씨는 의사가 아니에요. 학생이에요.

2과

N이/가 있어요/없어요

명사에 해당하는 것을 가지고 있을 때 'N이/가 있어요', 가지고 있지 않을 때 'N이/가 없어요'라고 말한다.
When you have something that corresponds to a noun, you say 'N이/가 있어요.' When you don't have it, you say 'N이/가 없어요'.

N (받침○) + 이 있어요/없어요	가방이 있어요/가방이 없어요
N (받침×) + 가 있어요/없어요	휴지가 있어요/휴지가 없어요

예시) • 저는 우산이 있어요.
• 가: 노트북이 있어요?
나: 아니요, 없어요.

N과/와 N, N하고 N

2개 이상의 명사를 연결할 때 사용하며 문어에서 더 많이 사용한다. 'N하고 N'은 'N와/과 N'와 마찬가지로 2개 이상의 명사를 연결할 때 사용하며 구어에서 사용한다.
It is used to connect two or more nouns and is used more often in written language. 'N하고 N', like 'N와/과 N', is used to connect two or more nouns and is used in spoken language.

N (받침○) + 과	노트북과
N (받침×) + 와	친구와

예시) • 빵과 우유가 있어요.
• 빵하고 우유가 있어요.
• 가: 뭐예요?
나: 지갑하고 카드예요.

※ 어떤 행동을 같이 하는 대상을 나타낼 때 'N와/과 (같이/함께), 'N하고 (같이/함께)의 형태로 사용한다.
예시) • 저는 친구와 함께 공부해요.
• 가: 누구하고 같이 여행을 가요?
나: 친구하고 같이 가요.

N의

어떤 사람이나 사물이 명사에 의해 소유되거나 속함을 나타낼 때 사용한다.
It is used to indicate that a person or thing is owned by or belongs to a noun.

N (받침○) + 의	선생님의
N (받침×) + 의	저의

예시) • 이거는 친구의 책이에요.
• 가: 선생님의 휴대폰이에요?
나: 아니요. 무함마드 씨의 휴대폰이에요.

※ 말할 때는 '의'를 생략할 수 있다.
예시) • 가: 누구 가방이에요?
나: 하루키 씨 가방이에요.

부록 1 문법 해설 Grammar Explanation

<table>
<tr><td>이거, 그거, 저거</td><td>'이거', '그거', '저거'는 사물을 가리켜 말할 때 사용한다. 사물이 말하는 사람에게 가까이 있으면 '이거', 듣는 사람에게 가까이 있으면 '그거', 말하는 사람과 듣는 사람 모두에게 멀리 있으면 '저거'라고 말한다.
'이거', '그거', '저거' are used to refer to objects. If the object is close to the speaker, it is called '이거.' If it is close to the listener, it is called '그거.' If it is far away from both the speaker and the listener, it is called '저거.'
예시) • 이거는 제 가방이에요.
• 가: 그거는 뭐예요?
나: 이거는 장웨이 씨의 노트북이에요.
※ '이거', '그거', '저거'는 '이것', '그것', 저것'의 구어체이다.
'이거', '그거', and '저거' are colloquial forms of '이것', '그것', and '저것'.
예시) • 이것은 한국어 책입니다.</td></tr>
<tr><td colspan="2">3과</td></tr>
<tr><td>N도</td><td>명사 뒤에 붙어 이미 포함된 것에 다른 것을 더함의 뜻을 나타낸다. 또한 어떤 것이 다른 것과 마찬가지임을 나타내거나 유사한 것이 있다는 것을 말할 때도 사용한다.
It is attached to a noun to indicate the meaning of adding something different to what is already included. It is also used to indicate that something is the same as another or to say that there is something similar.
<table><tr><td>N (받침○) + 도</td><td>가방도</td></tr><tr><td>N (받침×) + 도</td><td>친구도</td></tr></table>예시) • 저는 책이 있어요. 공책도 있어요.
• 가 : 누가 학생이에요?
나 : 사라 씨가 학생이에요. 아마드 씨도 학생이에요.
※ '도'는 '은/는', '이/가'와 함께 쓰지 않는다.
'도' is not used together with '은/는' or '이/가'.
예시) • 저는도 가수예요. 사라 씨가도 가수예요. (×)
→ 저는 가수예요. 사라 씨도 가수예요. (○)</td></tr>
<tr><td>이/그/저 N</td><td>가리키는 사물 또는 사람을 지칭할 때 사용한다. 사물이나 사람이 말하는 사람에게 가까이 있으면 '이 N', 듣는 사람에게 가까이 있으면 '그 N', 말하는 사람과 듣는 사람 모두에게 멀리 있으면 '저 N'으로 말한다.
It is used when referring to an object or a person that individuals mention. If an object or a person is close to the speaker, use '이 N.' If it is close to the listener, use '그 N.' If it is far from both the speaker and the listener, use '저 N.'
예시) • 이 가방은 사라 씨의 가방이에요.
• 가: 저 사람은 누구예요?
나: 저 사람은 아마드 씨예요.</td></tr>
</table>

N에 있어요/없어요

장소 명사나 위치 뒤에 붙어 사물이나 사람이 있는 곳을 나타낼 때 말한다. 그 곳에 사물이나 사람이 있으면 'N(사물이나 사람)이/가 N(장소)에 있어요', 없으면 'N(사물이나 사람)이/가 N에 없어요'를 사용한다.
It is attached after a place noun or position to indicate the location where objects or people are. If there are objects or people at that place, use 'N(thing or person)이/가 N(place)에 있어요.' If there are none, use 'N(thing or person)이/가 N에 없어요'.

N (받침○) + 에 있어요	학생이 교실에 있어요
N (받침×) + 에 없어요	책이 가방에 없어요

예시) • 텔레비전이 방에 있어요.
가: 교실에 학생이 있어요?
나: 아니요, 교실에 학생이 없어요.

N 개/명/권/대

명사의 수량을 나타낼 때 '명사+수사+단위명사'의 형태로 사용한다. 대부분의 물건은 'N 개', 사람은 'N 명', 책, 공책 등은 'N 권', 컴퓨터, 휴대폰 등의 가전제품이나 자전거, 버스, 자동차 등의 탈 것은 'N 대'로 말한다.
When indicating the quantity of nouns, it is used in the form of 'noun + numeral + unit noun'. 'N 개' is used for most items, 'N 명' for people, 'N 권' for books and notebooks, and 'N 대' for household appliances (such as computers, mobile phones) and vehicles (such as bicycles, buses, and cars).

	1	2	3		8	9	10	?
	한 개	두 개	세 개	....	여덟 개	아홉 개	열 개	몇 개
	한 명	두 명	세 명	...	여덟 명	아홉 명	열 명	몇 명
	한 권	두 권	세 권	...	여덟 권	아홉 권	열 권	몇 권
	한 대	두 대	세 대	...	여덟 대	아홉 대	열 대	몇 대

예시) • 책상 위에 책 다섯 권이 있어요.
• 가: 집에 컴퓨터가 몇 대 있어요?
나: 집에 컴퓨터가 두 개 있어요.

※ 질문에 대한 답을 할 때 명사를 생략하고 '수사+단위명사'만 말할 수 있다.
When answering a question, nouns can be omitted and only 'numeral + unit nouns' can be said.

예시) • 가: 교실에 사람이 몇 명 있어요?
나: 교실에 사람이 다섯 명이 있어요. (○)
교실에 다섯 명이 있어요. (○)

부록 1 문법 해설 Grammar Explanation

4과

V-아요/어요

동사와 결합하여 현재의 사실에 대해 묻고 답할 때 사용한다. 주로 비격식적인 상황에서 사용하며, 가까운 미래를 말할 때도 사용할 수 있다.
It asks and answers about current facts when combined with verbs. It is mainly used in informal situations and can also be used when talking about the near future.

V (ㅏ, ㅗ ○) + 아요	놀아요, 사요, 봐요
V (ㅏ, ㅗ ×) + 어요	먹어요, 배워요
V (~하다) → 해요	운동해요, 공부해요

예시) • 책을 읽어요.

• 가: 오늘 뭐 해요?
나: 친구를 만나요.

N을/를

명사 뒤에 붙어서 앞에 오는 명사가 뒤에 오는 동사의 영향을 받는 대상임을 나타낸다. 다시 말해 '을/를'은 목적어를 나타내는 조사이다. 말할 때는 생략할 수 있다.
It attaches to a noun to indicate that the noun preceding it is the the object affected by the verb following it. In other words, '을/를' is a particle indicating the object in a sentence. It can be omitted when speaking.

N (받침○) + 을 V	밥을 먹어요
N (받침×) + 를 V	커피를 마셔요

예시) • 컴퓨터를 봐요.

• 가: 오늘 친구하고 놀아요?
나: 아니요, 한국어 공부를 해요.

N에서

장소 명사 뒤에 붙어서 행동이 일어나는 장소를 나타낼 때 사용한다.
It is used when indicating the place where an action takes place by attaching it after a location noun.

N + 에서	학교에서

예시) • 학교에서 친구를 만나요.

• 가: 어디에서 공부해요?
나: 저는 커피숍에서 공부해요.

※ '에'는 형용사 또는 상태를 의미하는 동사와 같이 사용된다. 또한 '에서'는 '있다, 없다, 가다, 오다'를 제외한 동사와 같이 사용된다.
'에' is used with adjectives or state verbs. Also, '에서' is used with verbs other than '있다 (to exist),' '없다 (to not exist),' '가다 (to go),' and '오다 (to come).'

예시) • 저는 병원에 있어요.
• 저는 병원에서 책을 읽어요.

<table>
<tr><td>안 V, V-지 않다</td><td>모두 어떤 행동이나 상태를 부정할 때 사용하며 두 형태의 의미는 같다.
They are used to negate any action or state, and the meanings of the two forms are the same.

안 + V | 안 읽다
V + 지 않다 | 읽지 않다

예시) • 저는 책을 안 읽어요.(=저는 책을 읽지 않아요.)
• 가: 오늘 친구를 만나요?
나: 아니요. 안 만나요.
※ '하다' 동사가 '안'과 결합할 때 '안 공부하다'의 형태가 아니라 '공부를 안 하다'처럼 써야 한다.
When the verb '하다' combines with '안,' it should be written in the form of '공부를 안 하다' instead of '안 공부하다.'
예시) • 안 운동해요. (×)
• 운동을 안 해요. (○) / 운동하지 않아요. (○)</td></tr>
<tr><td colspan="2">5과</td></tr>
<tr><td>N이/가 A-아요/어요</td><td>명사의 현재 상태나 특성을 나타낼 때 사용한다.
It is used to indicate the current state or characteristics of a noun.

N이/가 A (ㅏ, ㅗ ○) + 아요 | 사람이 많아요
N이/가 A (ㅏ, ㅗ ×) + 어요 | 영화가 재미있어요
N이/가 A (~하다) → 해요 | 교실이 깨끗해요

예시) • 가: 휴대폰이 비싸요?
나: 네, 비싸요.
• 가: 그 커피가 어때요?
나: 맛있어요.</td></tr>
</table>

부록 1 문법 해설 Grammar Explanation

'ㅂ'불규칙

'쉽다, 어렵다, 더럽다, 무겁다, 가볍다, 가깝다, 두껍다, 시끄럽다'처럼 어간이 'ㅂ' 받침으로 끝나는 형용사와 동사는 모음으로 시작하는 어미와 결합할 때 'ㅂ'이 '우'로 바뀐다. (단, '좁다', '입다', '잡다'는 바뀌지 않는다.)

When adjectives and verbs whose stems end with the final consonant 'ㅂ', such as '쉽다, 어렵다, 더럽다, 무겁다, 가볍다, 가깝다, 두껍다, 시끄럽다', are combined with endings that begin with a vowel, 'ㅂ' changes to '우'. (However, '좁다', '입다', '잡다' do not change.)

쉽다 + -아요/어요	쉬우 + -어요 → 쉬워요

	-아요/어요
쉽다	쉬워요
어렵다	어려워요
더럽다	더러워요
무겁다	무거워요
가볍다	가벼워요
가깝다	가까워요
두껍다	두꺼워요
시끄럽다	시끄러워요
돕다	도와요
*좁다	좁아요
*입다	입어요
*잡다	잡아요

예시) • 그 식당은 조금 시끄러워요.
• 가: 가방이 무거워요?
나: 아니요, 가벼워요.

A/V-고 A/V

형용사나 동사와 결합하여 대등한 내용을 나열할 때 사용한다. (앞의 내용과 뒤의 내용이 바뀌어도 의미는 같다.)

It combines with adjectives or verbs to list equivalent contents. (The meaning remains the same even if the preceding and following contents are swapped.)

A/V (받침○) + 고 A/V	맛있고 싸다
A/V (받침×) + 고 A/V	쉬고 먹다

예시) • 저는 요리하고 제 친구는 청소해요.
• 가: 그 커피숍이 어때요?
나: 커피도 맛있고 깨끗해요.

A/V-지만

형용사나 동사와 결합하여 앞의 내용과 뒤의 내용이 반대, 대조되는 것을 나타낼 때 사용한다.
It combines with adjectives or verbs to express the opposite or contrast between the preceding and following contents.

A/V (받침○) + 지만	어렵지만
A/V (받침×) + 지만	마시지만

예시) • 저는 김밥을 먹지만 제 친구는 안 먹어요.

• 가: 그 책이 재미있어요?
나: 네, 조금 어렵지만 재미있어요.

6과

시간

시간을 말할 때 'N 시'는 '한 시', '두 시', 세 시'로 말하고 'N분'은 '일 분, 오 분, 십 분'으로 말한다. ('삼십 분'은 '반'으로 바꿔 말할 수 있다.)
When talking about time, 'N 시' is said as '한 시', '두 시', '세 시', and 'N분' is said as '일 분, 오 분, 십 분'. ('삼십 분' can be changed to '반'.)

예시) • 지금은 두 시 반이에요.

• 가: 지금 몇 시예요?
나: 열 시 십 분이에요.

N부터 N까지

'N부터'는 어떤 동작이나 상태의 시작을 나타낼 때, 'N까지'는 끝나는 시점을 나타낼 때 사용한다.
'N부터' is used to indicate the beginning of an action or state, and 'N까지' is used to indicate the end point.

N (받침○, ×) + 부터 N (받침○, ×) + 까지	1일부터 5일까지

예시) • 저는 월요일부터 금요일까지 학교에서 한국어를 공부해요.

• 가: 몇 시부터 몇 시까지 회사에서 일해요?
나: 9시부터 6시까지 일해요.

※ 'N부터', 'N까지'처럼 하나만 사용할 수도 있다.
You can also use only one, such as 'N부터' or 'N까지'.

예시) • 가: 은행이 몇 시부터 문을 열어요?
나: 9시부터 문을 열어요.

날짜

6월, 10월은 '유월', '시월'로 쓰고 말한다.
June and October are written and spoken as '유월' and '시월' respectively.

예시) • 내일은 시월 십일이에요.

부록 1 문법 해설 Grammar Explanation

N에

명사(시간, 날짜, 요일 등) 뒤에 '에'가 붙어 어떤 행동, 상태가 일어난 시간을 나타낼 때 사용한다.
A noun (time, date, day of the week, etc.) is followed by '에' to indicate the time when an action or state occurs.

N (받침○) + 에	저녁에
N (받침×) + 에	1시에

예시) • 금요일에 백화점에서 쇼핑해요.
• 가: 언제 친구를 만나요?
  나: 주말에 친구를 만나요.

※ 단, '어제', '오늘', '내일', '모레', '그저께', '지금', '매일' 등의 뒤에는 '에'를 쓰지 않는다.
However, '에' is not used after time words like '어제', '오늘', '내일', '모레', '그저께', '지금', '매일', etc.

예시) • 저는 매일 공원에서 운동해요.

7과

N에 가다/오다

어떤 장소(N)로 이동함을 나타낼 때 사용한다. ('가다'는 말하는 사람이 현재 있는 곳에서 다른 곳으로 이동하는 것을 나타낼 때 사용하며, '오다'는 다른 곳에서 말하는 사람이 있는 곳으로 이동하는 것을 나타날 때 사용한다.)
It is used to indicate going to some place (N). ('가다' is used when the speaker moves from his/her current location to another place, while '오다' is used when the speaker moves from another place to the location where the speaker is.

N (받침○) + 에 가다/오다	집에 가다/오다
N (받침×) + 에 가다/오다	학교에 가다/오다

예시) •제 친구는 매일 도서관에 가요.
• 가: 오늘 어디에 가요?
  나: 친구하고 서울에 가요.
• 가: 언제 학교에 와요?
  나: 오전 8시 30분에 와요.

V-을까요?/ㄹ까요?

동사와 결합하여 다른 사람에게 어떤 일을 제안할 때 사용한다.
When combined with a verb, it is used to suggest that someone do something.

V (받침○) + 을까요?	읽을까요?
V (받침×) + ㄹ까요?	만날까요?
V ('ㅂ'불규칙) → 울까요?	도울까요?

예시) • 가: 우리 주말에 영화를 볼까요?
  나: 네, 좋아요.
• 가: 방학에 같이 여행을 갈까요?
  나: 미안해요, 방학에 시간이 없어요.

<table>
<tr><td>A/V-았어요/었어요</td><td>

형용사나 동사와 결합하여 과거의 상황이나 사건을 나타낼 때 사용한다.
It is used in combination with an adjective or verb to describe a situation or event that occurred in the past.

A/V (ㅏ, ㅗ ○) + 았어요	좋았어요
A/V (ㅏ, ㅗ ×) + 었어요	읽었어요
A/V (~하다) → 했어요	이야기했어요
A/V ('ㅂ'불규칙) → 왔어요/웠어요	도왔어요/더러웠어요

예시) • 어제 한국 음식을 먹었어요. 조금 매웠어요.
• 가: 지난 주말에 어디에 갔어요?
나: 백화점에 갔어요. 백화점에서 쇼핑했어요.

※ 'N이에요/예요'의 과거는 'N이었어요/였어요'를 사용한다.
The past tense of 'N이에요/예요' is 'N이었어요/였어요'.

N (받침○) + 이었어요	선생님이었어요
N (받침×) + 였어요	마트였어요

예시) • 여기는 작년에 식당이었어요. 지금은 커피숍이에요.

</td></tr>
<tr><td>'ㅡ'탈락</td><td>

'아프다', '슬프다', '크다'처럼 어간이 모음 'ㅡ'로 끝나는 동사나 형용사에 '아/어'로 시작하는 어미와 결합하면 'ㅡ'가 탈락한다.
When combining a verb or adjective whose stem ends with the vowel 'ㅡ', such as '아프다', '슬프다', or '크다', with an ending that begins with '아/어', the vowel 'ㅡ' is eliminated.

	-아요/어요	-았어요/었어요
아프다	아파요	아팠어요
바쁘다	바빠요	바빴어요
나쁘다	나빠요	나빴어요
예쁘다	예뻐요	예뻤어요
슬프다	슬퍼요	슬펐어요
배고프다	배고파요	배고팠어요
크다	커요	컸어요
쓰다	써요	썼어요

예시) • 제 친구는 눈이 아주 커요.
• 가: 왜 어제 학교에 안 왔어요?
나: 어제 머리가 너무 아팠어요.

</td></tr>
</table>

부록 1 문법 해설 Grammar Explanation

8과

V-고 싶다

동사 뒤에 붙어 말하는 사람이 하기 원하거나 바라는 것을 나타낸다. 보통 계획이나 취향 등의 주제로 희망하는 것을 말할 때 주로 사용한다.
When attached after a verb, it indicates what the speaker wants or hopes to do. It is usually used to say what you want, such as plans or preference.

V (받침○) + 고 싶다	입고 싶다
V (받침×) + 고 싶다	사고 싶다

예시) • 그 책을 읽고 싶어요.
• 가: 무엇을 마시고 싶어요?
나: 물을 마시고 싶어요.

※ 부정문은 '안 V-고 싶다', 'V-고 싶지 않다'로 사용한다.
Negative statements are formed as '안 V-고 싶다', 'V-고 싶지 않다'.

예시) • 밥을 안 먹고 싶어요.
= 밥을 먹고 싶지 않아요.

※ 과거를 나타내려면 'V-고 싶었다'로 사용한다.
To indicate the past, use 'V-고 싶었다'.

예시) • 어제 비빔밥을 먹고 싶었어요.

※ 말하는 사람이나 듣는 사람이 아닌 다른 사람의 희망을 나타낼 때는 'V-고 싶어 하다'로 사용한다.
When expressing the desires of someone other than the speaker or listener, 'V-고 싶어 하다' is used.

예시) • 사라 씨는 지금 집에 가고 싶어 해요.

A/V-으니까/니까

동사나 형용사 어간에 붙어서 이유를 말할 때 사용한다.
It is used to indicate the reason when attached to the stem of a verb or an adjective.

A/V (받침○) + 으니까	먹으니까
A/V (받침×) + 니까	바쁘니까
A/V ('ㅂ'불규칙) → 우니까	추우니까
N(받침○) + 이니까	학생이니까
N(받침×) + 니까	친구니까

예시) • 지금 식당에 사람이 많으니까 다음에 옵시다.
• 가: 우리 오늘 만날까요?
나: 미안해요. 오늘 바쁘니까 내일 만나요.

※ '으세요', '읍시다', '을까요?'와 함께 자주 사용한다.
It is often used with '으세요', '읍시다', '을까요?'.

예시) • 방이 더러우니까 청소하세요.
• 내일 시험이니까 같이 공부합시다.
• 날씨가 좋으니까 산책할까요?

※ 시간이 과거일 때는 '-았/었'과 함께 사용한다.
When referring to the past tense, '-았/었' is used.

A/V (ㅏ, ㅗ ○) + 았으니까	갔으니까
A/V (ㅏ, ㅗ ×) + 었으니까	먹었으니까
A/V ('ㅂ'불규칙) → 왔으니까/웠으니까	도왔으니까/추웠으니까
N(받침○) + 이었으니까	학생이었으니까
N(받침×) + 였으니까	친구였으니까

예시) • 감기에 걸렸으니까 약을 드세요.

부록 1 문법 해설 Grammar Explanation

V-으세요/세요 ①

동사 뒤에 붙어 말하는 사람이 듣는 사람에게 어떤 동작이나 행동을 공손하게 요청하거나 정중하게 명령할 때 사용한다.(단, 말하는 사람보다 나이가 많거나 사회적 지위가 높은 사람에게는 사용할 수 없다.)

It is used when the speaker politely requests or courteously commands an action or behavior from the listener.(However, it cannot be used towards those who are older than the speaker or have a higher social status.)

형태	예
V (받침○) + 으세요	읽으세요
V (받침×) + 세요	가세요
V ('ㅂ'불규칙) → 우세요	도우세요

예시) • 여러분, 책에 이름을 쓰세요.
- 가: 어서 오세요. 여기에 앉으세요.
  나: 네, 고맙습니다.

※ 듣는 사람에게 도움이 되는 행동을 정중하게 지시할 때도 사용할 수 있는데 이때에는 나이나 사회적 지위와 상관없이 말할 수 있다.

It can also be used when giving polite instructions that are helpful to the listener. In this case, it can be used regardless of age or social status.

예시) • 아버지, 피곤하면 좀 쉬세요.
- 선생님, 여기에 앉으세요.

※ 나이가 많은 어른(할아버지, 할머니, 부모님 등)이나 사회적 지위가 높은 사람에게 말할 때 '먹다', '마시다'는 '드시다', '자다'는 '주무시다'로 말한다.

When speaking to older adults (grandfathers, grandmothers, parents, etc.) or individuals of high social status, '드시다' is used instead of '먹다' or '마시다,' and '주무시다' is used instead of '자다.'

예시) • 선생님, 이 빵 드세요.
- 아버지, 피곤하면 주무세요.

V-지 마세요

동사 뒤에 붙어 다른 사람에게 어떤 동작이나 행동을 금지할 때 사용한다.

It is attached to the verb and used to prohibit others from any action or behavior from.

형태	예
V (받침○) + 지 마세요	먹지 마세요
V (받침×) + 지 마세요	버리지 마세요

예시) • 교실에 쓰레기를 버리지 마세요.
- 가: 학교에서 담배를 피우지 마세요.
  나: 네, 알겠습니다.

부록 2 듣기 지문 Listening Script

1과

1. 1) 남 : 안녕하세요. 저는 하루키예요. 일본 사람이에요. 만나서 반가워요.
   2) 남 : 박민지 씨는 간호사예요?
   여 : 아니요, 저는 간호사가 아니에요. 의사예요.

2. 여 : 안녕하세요? 아마드 씨입니까?
   남 : 네, 아마드입니다.
   여 : 만나서 반갑습니다. 저는 크리스티나입니다.
   남 : 만나서 반갑습니다. 크리스티나 씨는 어느 나라 사람입니까?
   여 : 저는 페루 사람입니다. 아마드 씨는 인도네시아 사람입니까?
   남 : 아니요, 저는 인도네시아 사람이 아닙니다. 말레이시아 사람입니다.
   크리스티나 씨는 회사원입니까?
   여 : 아니요, 저는 회사원이 아닙니다. 대학원생입니다.

2과

1. 1) 여 : 김우진 씨, 그거는 한국어로 뭐예요?
   남 : 이거는 한국어로 우산이에요.

2. 여 : 장웨이 씨, 이거는 장웨이 씨의 펜이에요?
   남 : 네, 제 펜이에요. 마리아 씨는 펜이 있어요?
   여 : 아니요, 저는 없어요. 저는 연필하고 지우개가 있어요.
   남 : 이거는 마리아 씨의 필통이에요?
   여 : 아니요, 제 필통이 아니에요. 린 씨의 필통이에요.

3과

1. 남 : 우리 교실에 학생이 몇 명이에요?
   여 : 21명이에요.

2. 남 : 안녕하세요. 저는 하루키예요. 이 책상은 제 책상이에요.
   책상 위에 안경 한 개하고 펜 두 개가 있어요.
   책과 공책이 다섯 권 있어요. 컴퓨터는 없어요.
   책상 오른쪽에 가방이 있어요. 왼쪽에 쓰레기통이 있어요.

4과

1. 호세 씨는 백화점에서 사라 씨를 만나요.
   백화점에서 같이 쇼핑을 해요.
   호세 씨는 가방을 사요.
   사라 씨는 지갑을 사요.

2. 하루키 씨와 크리스티나 씨와 아마드 씨는 기숙사에 있어요.
   크리스티나 씨는 휴대폰을 봐요.
   아마드 씨는 책을 읽어요.
   하루키 씨는 컴퓨터를 안 해요.
   침대에서 자요.

5과

1. 1) 남 : 그 옷이 깨끗해요?
   여 : 아니요, 이 옷은 더러워요. 안 깨끗해요.
   2) 여 : 이 식당 음식이 어때요?
   남 : 이 식당 음식은 아주 비싸요.
   3) 남 : 한국어 공부가 어려워요?
   여 : 아니요, 한국어는 안 어려워요. 쉬워요.
   4) 여 : 이 책이 재미있어요?
   남 : 네, 이 책은 두껍지만 재미있어요.

2. 여 : 여보세요, 무함마드 씨, 어디예요?
   남 : 저는 마트에 있어요.
   여 : 그 마트가 어때요?
   남 : 아주 가깝지만 조금 작아요. 사라 씨는 어디예요?

여 : 저는 커피숍에 있어요.
남 : 그 커피숍은 어때요?
여 : 커피가 아주 맛있지만 조금 시끄러워요.

6과

1. 여 : 우진 씨, 한국은 오늘 며칠이에요?
   남 : 오늘은 21일이에요. 미국은요?
   여 : 미국은 오늘 20일이에요.
   한국은 지금 몇 시예요?
   남 : 지금 10시 10분이에요.

2. 남 : 크리스티나 씨, 오늘이 며칠이에요?
   여 : 오늘은 8월 9일이에요.
   남 : 어? 크리스티나 씨 생일이 내일이에요?
   여 : 맞아요.
   남 : 생일 축하해요! 생일에 뭐 해요?
   여 : 토요일부터 월요일까지 여행을 해요.

7과

1. 남 : 어제 뭐 했어요?
   여 : 어제 운동을 많이 했어요. 그래서 지금 허리가 너무 아파요.
   그리고 팔하고 다리도 아파요.
   남 : 목도 아파요?
   여 : 아니요, 목은 괜찮아요.

2. 여 : 루이스 씨, 지난 주말에 뭐 했어요?
   남 : 저는 금요일부터 머리가 아팠어요. 그래서 토요일은 집에서 쉬었어요.
   여 : 일요일도 쉬었어요?
   남 : 아니요. 일요일에는 괜찮았어요. 그래서 공원에서 산책하고 영화도 봤어요.
   크리스티나 씨는요?
   여 : 저는 집에서 친구와 요리를 했어요.

3. 여 : 하루키 씨, 오늘 시간이 있어요? 도서관에서 같이 한국어 숙제를 할까요?
   남 : 미안하지만 오늘 일이 있어요. 오전에 회사에 가요.
   여 : 아~ 그럼 내일은 어때요?
   남 : 내일은 괜찮아요. 내일 같이 숙제할까요?
   여 : 네, 좋아요.

8과

1. 남 : 사라 씨, 지금 학교 식당에 가요?
   여 : 아니요, 편의점에 가요.
   남 : 편의점에서 무엇을 사요?
   여 : 빵 3개하고 주스 2병을 사요.
   남 : 편의점 주스는 한 병에 얼마예요?
   여 : 한 병에 2,800원이에요.
   남 : 주스가 맛이 어때요?
   여 : 달고 맛있어요.
   남 : 저도 주스를 마시고 싶어요.
   여 : 그래요? 그럼 편의점에 같이 갈까요?
   남 : 좋아요.

2. 남 : 선생님, 우리 교실 규칙이 뭐예요?
   여 : 규칙이 다섯 개 있어요.
   수업 시간에 휴대폰을 보지 마세요.
   수업 시간에 자지 마세요.
   그리고 친구와 이야기하지 마세요.
   쓰레기는 쓰레기통에 버리세요.
   학교에서 담배를 피우지 마세요.
   남 : 네, 선생님. 알겠습니다.

종합 평가 듣기 문제

1. 여 : 직업이 뭐예요?

2. 남 : 휴지가 있어요?

3. 여 : 가방에 뭐가 있어요?

4. 남 : 어제 어디에 갔어요?

5. 여 : 교실에서 선생님을 만나요?

6. 남 : 내일은 린 씨의 생일이에요.

7. 여 : 저는 옷을 사고 싶어요.

8. 여 : 커피 두 잔 주세요. 모두 얼마예요?
   남 : 8,500원입니다.

부록 3 번역 Translation

Lesson 1.

[Speaking 1] p.56

Maria : Hi, I'm Maria.

Zhang Wei : Hello, I'm Zhang Wei.

Maria : Nice to meet you, Mr. Zhang Wei.

Zhang Wei : Nice to meet you too. What country are you from?

Maria : I'm from Russia. What country are you from?

Zhang Wei : I'm from China.

[Speaking 2] p.59

Jose : Hello? I'm Jose.

Lynn : Hello? I'm Lynn.

Jose : Are you Japanese?

Lynn : No, I'm not Japanese. I'm Vietnamese. Are you an office worker?

Jose : No, I'm not an office worker. I'm a student.

[Listening] p.60

1.

1) A : Hello. I'm Haruki. I'm Japanese. Nice to meet you.

2) A : Ms. Park Min-ji, are you a nurse?
   B : No, I'm not a nurse. I'm a doctor.

2.

A : Hello? Are you Mr. Ahmad?

B : Yes, I am.

A : Nice to meet you. I'm Christina.

B : Nice to meet you too. What country are you from?

A : I am Peruvian. Are you Indonesian?

B : No, I am not Indonesian. I am Malaysian. Christina, are you an office worker?

A : No, I'm not an office worker. I'm a graduate student.

[Reading] p.61

1.

1) Hi. I'm Ahmad. I'm Malaysian.

2) Hello, I'm Park Min-ji. I'm a doctor.

3) Hello, I'm Enkhjin. I'm Mongolian. I'm not an actor. I'm a student.

2.

Hello?

I'm Louis. I'm Spanish. I'm a chef.

Nice to meet you.

Lesson 2.

[Speaking 1] p.70

Jose : Enkhzin, do you have an umbrella?

Enkhzin : Yes, I have an umbrella. What do you have, Jose?

Jose : I have a laptop and a camera. Enkhzin, do you have a camera?

Enkhzin : No, I don't have a camera.

[Speaking 2] p.73

Louis : Sarah, whose bag is that?

Sarah : This is my bag.

Louis : Is this Min-woo's wallet?

Sarah : Yes, that's his wallet.

[Listening] p.74

1.

A : Kim Woojin, what does that mean in

Korean?

B : This is '우산' (an umbrella) in Korean.

2.

A : Zhang Wei, is this your pen?

B : Yes, it's my pen. Maria, do you have a pen?

A : No, I don't have one. I have a pencil and an eraser.

B : Is this your pencil case?

A : No, it's not my pencil case. This is Lynn's pencil case.

[Reading] p.75

This is Lynn's bag. Lynn has a wallet and a card. This is Muhammad's bag. Muhammad does not have a card. Muhammad has a camera and photos.

Lesson 3.

[Speaking 1] p.84

Christina : Whose room is this?

Enkhzin : This is my room and Sarah's room.

Christina : Whose book is that?

Enkhzin : That's Sarah's book.

Kristina : Is this Sarah's bag, too?

Enkhzin : No, that's my bag.

[Speaking 2] p.88

Sarah : Jose, Where is the place in the picture?

Jose : It's my room.

Sarah : What's in the room?

Jose : There's a bed and a desk.

Sarah : Do you have a computer?

Jose : Yes, I have two computers.

Sarah : Where are the computers?

Jose : The computers are on the desk.

[Listening] p.89

1.

A : How many students are in our classroom?

B : There are 21 students.

2.

A : Hello. I'm Haruki. This is my desk. There are a pair of glasses and two pens on the desk. I have a book and five notebooks. There is no computer. There is a bag on the right side of the desk. There is a trash can on the left.

[Reading] p.90

Hello, I'm Christina. This is my room. There is a bathroom to the right of the window. There is a mirror and a trash can in the bathroom. There are two towels and four rolls of toilet paper. The towels are on the washing machine. The toilet paper is on the left side of the mirror.

Lesson 4.

[Speaking 1] p.100

Jose : Jose, what are you doing?

Enkhzin : I am studying Korean. What are you doing?

Jose : I am meeting a classmate. I am buying clothes with my classmate.

[Speaking 2] p.103

Haruki : Sarah, what are you doing today?

Sarah : I am watching a movie.

Haruki : Do you watch a movie at the movie theater?

Sarah : No, I don't watch it at the movie theater. I watch it at home. Do you watch it at the movie theater?

Haruki : No, I also don't watch movies at the movie theater.

[Listening] p.104

1.

Jose meets Sarah at the department store.

They shop together at the department store.

Jose buys a bag. Sarah buys a wallet.

2.

Haruki, Christina, and Ahmad are at the dormitory.

Christina looks at her phone.

Ahmad reads a book.

Haruki doesn't use a computer.

He sleeps on the bed.

[Reading] p.105

There is a living room, a kitchen, and one room in our house.

I watch television in the living room.

I cook and eat in the kitchen. I also drink coffee.

I don't read books in the room.

I read in the living room. And I also use the computer.

Lesson 5.

[Speaking 1] p.114

Lynn : Maria, this is my and Christina's room.

Maria : Your room is very clean! Whose doll is this?

Lynn : That's my doll.

Maria : The doll is cute. Is this doll expensive?

Lynn : No. It's not expensive. it's cheap.

[Speaking 2] p.117

Sarah : Louis, what are you doing?

Louis : I am studying at the coffee shop.

Sarah : How do you like that coffee shop?

Louis : It's clean and the coffee is delicious. Sarah, what are you doing?

Sarah : I'm going for a walk in the park.

Louis : Do you like the park?

Sarah : It's good, but it's a little small.

[Listening] p.118

1.

1) A : Are those clothes clean?
   B : No, these clothes are dirty. They are not clean.

2) A : How about the food at this restaurant?
   B : The food at this restaurant is very expensive.

3) A : Is studying Korean difficult?
   B : No, Korean is not difficult. It's easy.

4) A : Is this book interesting?
   B : Yes, this book is thick but interesting.

2.

A : Hello, Muhammad, where are you?

B : I'm at the supermarket.

A : What's the supermarket like?

B : It's very close, but it's a little small. Where are you, Sarah?

A : I'm at the coffee shop.

B : How do you like that coffee shop?

A : The coffee is very good, but it's a little noisy.

[Reading] p.119

There is a supermarket in front of my house. This supermarket is close to my house and clean. There are a lot of things in the supermarket. I buy toilet paper, water, and kimbap. The toilet paper is thick and nice. Water bottles are too heavy. Kimbap is very cheap and delicious.

Lesson 6.

[Speaking 1] p.129

Louis : Woojin, what time are banks open in Korea?

Kim Woojin : Korean banks are open from 9 to 4. What about the banks in Spain?

Louis : Spanish banks are usually open from 9 to 2. Haruki, what about Japan?

Haruki : Japanese banks are usually open from 9 to 3.

[Speaking 2] p.133

Zhang Wei : Maria, what are you doing today?

Maria : I am going to study Korean at school this morning.

Zhang Wei : What do you do in the afternoon?

Maria : I'm meeting a classmate at the department store around 3 o'clock.

Zhang Wei : What do you do in the evening?

Maria : I exercise in the evening. I exercise at the park every day.

[Listening] p.134

1.

A : Minwoo, what date is it in Korea today?

B : Today is the 21st. What about (the date) in America?

A : Today is the 20th in the United States. What time is it in Korea?

B : It's now 10 :10.

2.

A : Christina, what day is today?

B : Today is August 9th.

A : Huh? Christina, is your birthday tomorrow?

B : That's right.

A : Happy birthday! What are you doing on your birthday?

B : I travel from Saturday to Monday.

[Reading] p.135

I study Korean from 9 to 1 on weekdays. I don't study on the weekends. I meet my classmates in Seoul on Saturday afternoon, and we eat lunch together. And I also go shopping. In the evening. I watch a movie at the cinema.

I rest at home on Sundays. I cook and clean at home. I have a lot of fun living in Korea.

Lesson 7.

[Speaking 1] p.144

Zhang Wei : Maria, are you free this weekend?

Maria : Yes, I am. Why?

Zhang Wei : How about we go to Seoul together this weekend?

Maria : Okay. What do you want to do in Seoul?

Zhang Wei : Why don't we have lunch in Myeongdong?

Maria : Yes, that sounds great.
So what time and where should we meet?

Zhang Wei : Let's meet in front of the school on Saturday at 10 am.

[Speaking 2] p.147

Maria : Woojin, what did you do yesterday?

Kim Woojin : I went to Myeongdong. I shopped and also had a meal. Where did you go yesterday?

Maria : I had a little headache yesterday, so I stayed at home.

Kim Woojin : Are you okay now?

Maria : Yes, I'm fine.

[Listening] p.148

1.

A : What did you do yesterday?

B : I worked out a lot yesterday, so now my back is really sore, and my arms and legs are sore, too.

A : Does your neck hurt too?

B : No, my neck is fine.

2.

A : Louis, what did you do last weekend?

B : I've had a headache since Friday, so I spent Saturday at home.

A : Did you rest on Sunday too?

B : No, I was fine on Sunday, so I went for a walk in the park and watched a movie. What about you, Christina?

A : I stayed home and cooked with my classmate.

3.

A : Haruki, are you free today? Shall we do our Korean homework together at the library?

B : Sorry, I have work today. I need to go to the office in the morning.

A : Oh, then how about tomorrow?

B : Tomorrow will be okay. Shall we do homework together tomorrow?

W : Yes, sounds good.

[Reading] p.149

20/5/20XX

〈Seoul Travel〉

I went to Seoul alone today. I went to Myeongdong during the day. Myeongdong was crowded and busy. I bought a hat in Myeongdong. It was a little expensive but cute. Then I went to N Seoul Tower in the evening. There were a lot of people. I also ate a meal at the restaurant on the first floor of N Seoul Tower. It was delicious but a little expensive. And I also saw the night view. It was really pretty. Today was very fun.

Lesson 8.

[Speaking 1] p.159

Jose : Sarah, I'm hungry. Why don't we go to the convenience store together?

Sarah : Okay. What do you want to eat?

Jose : Shall we eat cup noodles?

Sarah : I just ate cup noodles yesterday, too.

Jose : Really? Was it good?

Sarah : It was a little salty but delicious.

Jose : How much is it?

Sarah : It's 3,500 won each.

Jose : I want to eat that too. Let's hurry up and go.

[Speaking 2] p.162

Staff : Welcome.

Louis : What food is delicious at this restaurant?

Staff : Bibimbap is our specialty.

Louis : Then we'll have three bowls of bibimbap.

Staff : Yes, please wait a moment.

(Shortly after)

Staff : Here you go. It's hot, so don't touch it.

Louis : Yes, I won't.

(Shortly after)

Louis : The bibimbap was really good. How much is it all?

Staff : It's 30,000 won.

Louis : Here you go.

Staff : Okay, thank you. Good bye.

[Listening] p.163

1.

A : Sarah, are you going to the school cafeteria now?

B : No, I'm going to the convenience store.

A : What are you buying at the convenience store?

B : I'm buying 3 pastries and 2 bottles of juice.

A : How much is a bottle of juice at the convenience store?

B : It's 2,800 won per bottle.

A : How does the juice taste?

B : It's sweet and delicious.

A : I want some juice, too.

B : Really? Then shall we go to the convenience store together?

A : All right.

2.

A : Teacher, what are the rules of our class?

B : There are five rules.

Don't use your cell phone in class.

Don't sleep during class.

And don't talk with your friends (during lesson).

Put the trash in the trash can.

Don't smoke in school.

A : Yes, teacher. I understand.

[Reading] p.164

My name is Muhammad. I love Korean food. I find Bulgogi to be especially delicious. It costs 18,000 won per serving. It is a little expensive, but it is sweet and delicious. So I go to a Korean restaurant every day. I usually eat one serving of Bulgogi and a bowl of rice. Next time, I want to go to a Korean restaurant with my family. I want to eat Korean food with my family.

부록 4 모범 답안 Answer Key

0과 한글 자모

1. 모음 1

[연습 4]

1) 아 2) 으 3) 오 4) 어 5) 우 6) 이

[종합 연습 1]

1. (예시)고기 – 나무 – 나라 – 아이 – …

[종합 연습 2]

1. (예시)파티 – 토끼 – 우유 – 기차 – …

[종합 연습 3]

1. 1) ○ 2) × 3) × 4) ○

2.

돼지	스웨터	카메라	의자	회사	개	귀
6	4	3	1	7	2	5

3. 1) 애기 2) 호의 3) 가구
4) 취미 5) 어제 6) 세기

7. 받침

[연습 3]

1) 간 2) 넡 3) 둠 4) 술 5) 잇

[종합 연습 4]

1. 1) 곰 2) 달 3) 석 4) 엌 5) 붑

2.

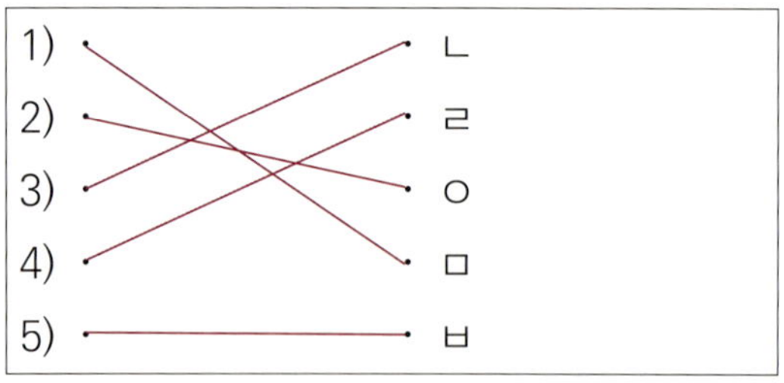

3. 1) 시장 2) 강 3) 사진 4) 담 5) 과일

5.

받침 소리	단어
[ㄱ]	축구, 수학, 책, 가격, 부엌
[ㄴ]	손, 문, 언어, 반
[ㄷ]	빛, 맛, 히읗, 비옷
[ㄹ]	교실, 달, 과일, 날씨,
[ㅁ]	사람, 크림, 마음, 구름, 침대
[ㅂ]	답, 무릎, 컵, 숲
[ㅇ]	사장, 고향, 형

1과

[들어요]

1. 1) ③ 2) ①
2. ①

[읽어요]

1. 1) 이름 : 아마드, 나라 : 말레이시아
2) 이름 : 박민지, 직업 : 의사
3) 이름 : 엔흐진, 나라 : 몽골, 직업 : 학생
2. 1) ③ 2) ① ○ ② ×

[확인해요]

1. 1) 한국 2) 몽골 사람 3) 미국 사람
4) 학생 5) 경찰
2. 1) 입니까? 2) 이에요 3) 는
4) 가수가 아니에요

2과

[들어요]

1. ①
2. 1) ③ 2) 연필, 지우개

[읽어요]

1. 1) ① 2) 지갑, 카드

[확인해요]

1. 1) 모자 2) 안경 3) 책 4) 지우개 5) 쓰레기통
2. 1) 그거 2) 의, 의 3) 의 4) 와, 이 있어요

3과

[들어요]

1. 1) ②
2. 1) ① 2) ① × ② ○ ③ ○

[읽어요]

1. 1) ④ 2) ②

[확인해요]

1. 1) 달력 2) 컴퓨터 3) 왼쪽
   4) 안 5) 저기
2. 1) 카드도 2) 교실에 있어요 3) 대
   4) 그, 이

4과

[들어요]

1. 1) ○ 2) ×
2. ②

[읽어요]

1. 1) 부엌 2) ① 3) ① ○ ② ×

[확인해요]

1. 1) 공원 2) 보다 3) 배우다
   4) 여행하다 5) 말하다
2. 1) 도서관에서, 집에서 책을 읽어요
   2) 백화점에서, 모자를 사요
   3) 커피숍에서, 커피숍에서 커피를 마시지 않아요, 공원에서 커피를 마셔요

5과

[들어요]

1. 1) ☐ ☑ 2) ☐ ☑
   3) ☑ ☐ 4) ☐ ☑
2. 1) ② 2) ① ○ ② ×

[읽어요]

1. 1) ①, ③ 2) ②

[확인해요]

1. 1) 더럽다 2) 무겁다 3) 비싸다
   4) 어렵다 5) 재미있다
2. 1) 좋지만 2) 얇고 3) 쉬워요 4) 멀어요

6과

[들어요]

1. 1) ② 2) ①
2. 1) ① 9일
   ② 내일
   2) ① ○ ② ×

[읽어요]

1. 1) ③, ④ 2) ③

[확인해요]

1. 1) 오늘 2) 내일 3) 목요일 4) 주말 5) 이번 주
2. 1) 10시 10분이에요
   2) (예시) 11시에 자요
   3) 12월 5일이에요

부록 4 모범 답안 Answer Key

4) 부터, 까지

7과

[들어요]

1. (허리, 팔, 다리)

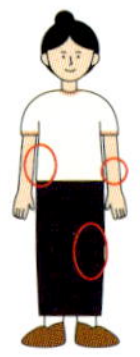

2. 1) ②, ③
   2) 집에서 친구와 요리를 했어요.
3. 1) ○ 2) ×

[읽어요]

1. 1) ② 2) ②

[확인해요]

1. 1) 팔 2) 발 3) 아프다 4) 가다 5) 오다
2. 1) 슬퍼요 2) 영화관에 갈까요?
   3) (예시)8시 30분에 학교에 와요 4) 쉬었어요

8과

[들어요]

1. 1) ④ 2) 빵 3개, 주스 2병
   3) ① ○ ② × ③ ×
2. ③

[읽어요]

1. 1) ① 2) ③

[확인해요]

1. 1) 지폐 2) 천오백 원 3) 짜다
   4) 시다 5) 두 조각(2조각)
2. 1) 타세요 2) 마시지 마세요
   3) 쉬고 싶어요 4) 시험이니까

종합 평가

[듣기]

1. ① 2. ④
3. ② 4. ④
5. ③ 6. ①
7. ③ 8. ④

[읽기]

1. ② 2. ①
3. ① 4. ②
5. ③ 6. ①
7. ③ 8. ③
9. ④ 10. ④

부록 5 어휘 색인 Glossary

1과

명사

표현

2과

명사

3과

명사(숫자)

명사(일반)

부록 5 어휘 색인 Glossary

남자 man 82
냉장고 refrigerator 88
달력 calendar 80
뒤 back, behind 81
문 door 80
밖 outside 81
방 room 84
세탁기 washing machine 88
수건 towel 90
시계 clock 80
아래(=밑) down(=bottom), under 81
안 inside 81
앞 front 81
어디 where 85
에어컨 air conditioner 88
여기 here 81
여자 woman 82
옆 side, next to 81
오른쪽 right 81
옷장 closet 88
왼쪽 left 81
위 up, on 81
의자 chair 80
저기 (over) there 81
지도 map 80
창문 window 80
책상 desk 80
칠판 blackboard 80
침대 bed 88
컴퓨터 computer 80
텔레비전 television 88
화장실 bathroom 90

표현

(N과/와 N) 사이 between (N1and N2) 81
몇 N(개, 명, 권, 대...) How many N(개, 명, 권, 대...) 87

4과

명사

거실 living room 105
공원 park 96
기숙사 dormitory 96
도서관 library 96
마트 mart 96
물 water 99
밥 cooked rice/meal 99
백화점 department store 96
부엌 kitchen 105
서울 Seoul 105
서점 bookstore 96
식당 restaurant 96
영어 English 100
영화 movie 103
영화관 movie theater 96
오늘 today 103
우리 we/our 105
장소 place 96
집 home 96
커피 coffee 99
커피숍 coffee shop 101
학교 school 96

동사

공부하다 to study 97
놀다 to play/hang out 98
마시다 to drink 97
만나다 to meet 97
말하다 to speak/talk 99
먹다 to eat 97
배우다 to learn 98
보다 to see/watch 97
사다 to buy 97
산책하다 to take a walk 98
쇼핑하다 to shop 97
숙제하다 to do homework 102
쉬다 to rest 98
여행하다 to travel 98
요리하다 to cook 100
운동하다 to exercise 97
읽다 to read 97
자다 to sleep 97
하다 to do 98

부사

같이 together 100
그리고 and 105
하지만 but 105

표현

N하고 with N 100

5과

명사

김밥 kimbap 115
옷 clothes 114
음식 food 118

부록 5 어휘 색인 Glossary

부록 5 어휘 색인 Glossary

부록 5 어휘 색인 Glossary

부록 5 어휘 색인 Glossary

단국한국어 1-가

2024년 7월 25일 초판 발행
2025년 12월 20일 2쇄 발행

지은이 _ 홍승아·강아영·신정아·허성령
감　수 _ 현재연·서효원
총　괄 _ 홍승아
삽　화 _ 윤예원
펴낸이 _ 안순철
기　획 _ 양영유
제　작 _ 성두현
편　집 _ 신성민·이재호
마케팅 _ 박광현
펴낸곳 _ 단국대학교출판부
등　록 _ 1968.2.27 : No. 제03-00095호
주　소 _ 경기도 용인시 수지구 죽전로 152
전　화 _ 031-8005-2405
팩　스 _ 031-8021-7154

값 35,000원

ISBN 978-89-7092-837-1 03710
978-89-7092-836-4 (세트)

단국한국어

WorkBook

1-가

홍승아 · 강아영 · 신정아 · 허성령

단국대학교출판부

단국한국어 1-가

WorkBook

홍승아·강아영·신정아·허성령

단국대학교출판부

차례

Table of Contents

01 안녕하세요. 저는 장웨이예요.

단어

1. 그림을 보고 〈보기〉와 같이 쓰세요.
Look at the picture and write as shown in the example.

> Tip. 많은 나라에서 사용하는 언어의 경우 그 언어의 대표 이름으로 말한다.
> In the case of a language spoken in many countries, it is spoken as the representative name of that language.
> 예) 미국어, 영국어, 캐나다어 (×) → 영어(○) / 멕시코어, 페루어 (×) → 스페인어(○)

	한국		한국 사람		한국어
	중국		1) (　　　) 사람		중국어
	2) (　　　)		베트남 사람		3) (　　　)
	영국		4) (　　　) 사람		영어
	미국		5) (　　　) 사람		영어
	스페인		6) (　　　)		스페인어
	멕시코		7) (　　　)		스페인어

새 단어 | N어 N-language, 한국어 Korean, 중국어 Chinese, 베트남어 Vietnamese, 영국 the UK, 영어 English, 스페인어 Spanish

2. 그림을 보고 〈보기〉와 같이 쓰세요.
Look at the picture and write as shown in the example.

〈보기〉 판야 씨는  [회] [사] [원] 입니다.

1) 루이스 씨는  [ ] [ ] [ ] 입니다.

2) 크리스티나 씨는  [ ] [ ] 입니다.

3) 하루키 씨는  [ ] [ ] 입니다.

4) 마리아 씨는  [ ] [ ] [ ] 입니다.

3. 〈보기〉와 같이 그림을 보고 단어를 찾아 쓰세요.
Look at the picture, find and write the words as shown in the example.

원	우	나	회	사	원
자	베	의	사	자	가
선	생	님	요	리	수
트	학	생	수	의	남
간	호	경	찰	사	남

〈보기〉  (회사원)

1)  (　　　　)

2)  (　　　　)

3)  (　　　　)

4)  (　　　　)

5)  (　　　　)

문법 1 N입니까?/N입니다

1. 〈보기〉와 같이 알맞은 것을 찾아 쓰세요.
Choose the correct answer as shown in the example.

입니다	입니까

〈보기〉 미국 사람입니다.

1) 어느 나라 사람__________?

2) 한국 사람__________.

3) 누구__________?

4) 무함마드__________.

5) 요리사__________?

2. 〈보기〉와 같이 쓰세요.
Write as shown in the example.

〈보기〉

학생

가 : 학생입니까?
나 : 네, 학생입니다.

1)

호세

가 : __________________?
나 : 네, __________________.

2)

한국 사람

가 : __________________?
나 : 네, __________________.

3)

배우

가 : __________________?
나 : 네, __________________.

4)

경찰

가 : __________________?
나 : 네, __________________.

새 단어 | 네 yes

문법 2 N은/는 ①

1. 다음과 같이 쓰세요.
Write as follows.

	N은		N는
직업	직업은	가수	가수는
경찰		배우	
한국		나라	
일본		페루	
베트남		인도네시아	

2. 그림을 보고 〈보기〉와 같이 쓰세요.
Look at the picture and write as shown in the example.

〈보기〉 무함마드는 인도네시아 사람입니다.

1) 선생님_____ 한국 사람입니다.

2) 장웨이______ 학생입니다.

3) 직업______ 의사_______.

4) 이름_________________.

새 단어 이름 name

문법 3 N이에요/예요

1. 〈보기〉와 같이 알맞은 것을 연결하세요.
Connect the appropriate options according to the example provided.

〈보기〉 김우진 ·

1) 마리아 ·

2) 린 ·

3) 경찰 ·

4) 의사 ·

· 이에요

· 예요

2. 그림을 보고 〈보기〉와 같이 쓰세요.
Look at the picture and write as shown in the example.

〈보기〉  이지수, 선생님	이지수는 선생님이에요.

1) 

엔흐진, 학생

______________________________.

2) 

루이스, 요리사

______________________________.

3) 

박민지, 의사

______________________________.

4) 

판야, 회사원

______________________________.

3. 〈보기〉와 같이 쓰세요.
Write as shown in the example.

〈보기〉 미국 사람입니까? → <u>미국 사람이에요</u>?

1) 저는 마디나입니다. → ______________________.

2) 사라 씨는 학생입니다. → ______________________.

3) 직업이 무엇입니까? → ______________________?

4) 김우진 씨는 기자입니다. → ______________________.

문법 4 N이/가 아니에요

1. 〈보기〉와 같이 알맞은 것을 고르세요.
Select the correct answer according to the example provided.

〈보기〉 저는 학생(이 / 가) 아니에요.

1) 하루키 씨는 중국 사람(이 / 가) 아니에요.

2) 루이스 씨는 의사(이 / 가) 아니에요.

3) 엔흐진 씨는 선생님(이 / 가) 아니에요.

4) 아마드 씨는 요리사(이 / 가) 아닙니다.

5) 선생님은 태국 사람(이 / 가) 아닙니다.

2. 그림을 보고 〈보기〉와 같이 쓰세요.
Look at the picture and write as shown in the example.

〈보기〉

가 : 사라 씨는 멕시코 사람이에요?
나 : 아니요, 멕시코 사람이 아니에요.
저는 미국 사람이에요.

1)

가 : 루이스 씨는 몽골 사람이에요?
나 : 아니요. ______________________.
저는 스페인 사람이에요.

2)

가 : 이지수 선생님은 러시아 사람이에요?
나 : 아니요, ______________________.
저는 한국 사람이에요.

3)

가 : 크리스티나 씨는 요리사예요?
나 : 아니요, ______________________.
저는 가수예요.

4)

가 : 하루키 씨는 회사원입니까?
나 : 아니요, ______________________.
저는 학생입니다.

3. 〈보기〉와 같이 알맞은 것을 연결하세요.
Connect the appropriate options according to the example provided.

〈보기〉 한국 사람이에요?	·	· 네, 요리사입니다.
1) 학생입니까?	·	· 아니요, 학생이 아닙니다.
2) 이름이 뭐예요?	·	· 아니요, 한국 사람이 아니에요.
3) 루이스 씨는 요리사입니까?	·	· 저는 아마드예요.
4) 직업이 무엇입니까?	·	· 저는 배우입니다.

02 저는 가방이 있어요.

단어

1. 〈보기〉와 같이 알맞은 것을 연결하세요.
Connect the appropriate options according to the example provided.

〈보기〉 우산 · —— · 

1) 휴지 · · 

2) 모자 · · 

3) 안경 · · 

4) 카메라 · · 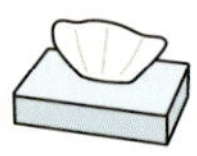

2. 〈보기〉와 같이 알맞은 단어를 ( ) 안에 쓰세요.
Write the appropriate word inside the parentheses as shown in the example.

〈보기〉 이것은 (열쇠)입니다.

1) 이것은 ( )입니다. 2) 이것은 ( )입니다.

3) 이것은 ( )입니다. 4) 이것은 ( )입니다.

5) 이것은 ( )입니다.

새 단어 | 이것 this one

3. 그림을 보고 〈보기〉와 같이 알맞은 단어를 찾아 (   ) 안에 쓰세요.

Look at the picture. Find the appropriate word and write it in the parentheses as shown in the example.

안경	필통	지우개	거울	펜
휴대폰	가방	지갑	카메라	공책

가 : 뭐예요?

나 : 〈보기〉 (펜)예요/이에요.

1) (   )예요/이에요.　　2) (   )예요/이에요.

3) (   )예요/이에요.　　4) (   )예요/이에요.

5) (   )예요/이에요.　　6) (   )예요/이에요.

7) (   )예요/이에요.　　8) (   )예요/이에요.

9) (   )예요/이에요.

문법 1 N이/가 있어요/없어요

1. 다음과 같이 쓰세요.
Write as follows.

	○	×
책	책이 있어요	책이 없어요
친구		
카드		
우산		
노트북		
쓰레기통		

2. 〈보기〉와 같이 알맞은 대답을 쓰세요.
Write down the correct answer as shown in the example.

〈보기〉

가방 ○

가 : 무엇이 있어요?
나 : 가방이 있어요.

1) 휴대폰

○

가 : 무엇이 있어요?
나 : ______________________.

2) 카드

○

가 : 카드가 있어요?
나 : 네, ______________________.

3) 열쇠

×

가 : 열쇠가 있어요?
나 : 아니요, ______________________.

4) 연필

○

가 : 연필이 있어요?
나 : 네, ______________________.

4) 거울

×

가 : 거울이 있어요?
나 : ______, ______________________.

문법 2 N과/와 N, N하고 N

1. 다음과 같이 쓰세요.
Write as follows.

	N과/와 N	N하고 N
한국, 중국	한국과 중국	한국하고 중국
휴지, 우산		
의사, 경찰		
지갑, 카메라		
엔흐진, 호세		

2. 〈보기〉와 같이 알맞은 대답을 쓰세요.
Write down the correct answer as shown in the example.

〈보기〉

가 : 뭐예요?
나 : 모자와 노트북이에요.
모자하고 노트북이에요.

1) 

가 : 뭐예요?
나 : ______________________.
______________________.

2) 

사라 호세

가 : 누구예요?
나 : ______________________.
______________________.

3) 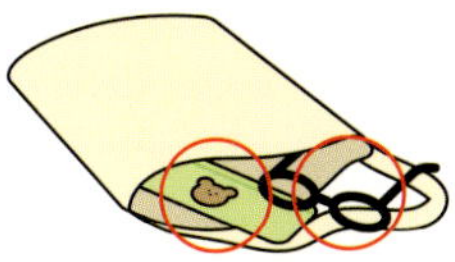

가 : 무엇이 있어요?
나 : ______________________.
______________________.

4) 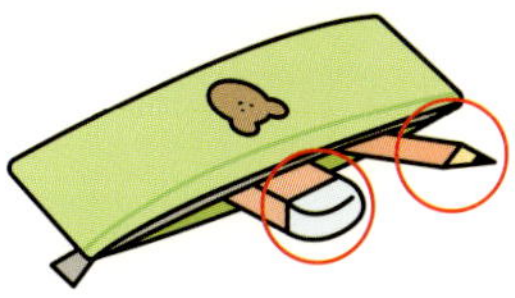

가 : 무엇이 있어요?
나 : ______________________.
______________________.

문법 3 N의

1. 〈보기〉와 같이 쓰세요.
Write as shown in the example.

〈보기〉

루이스, 휴대폰 → 루이스의 휴대폰

1) 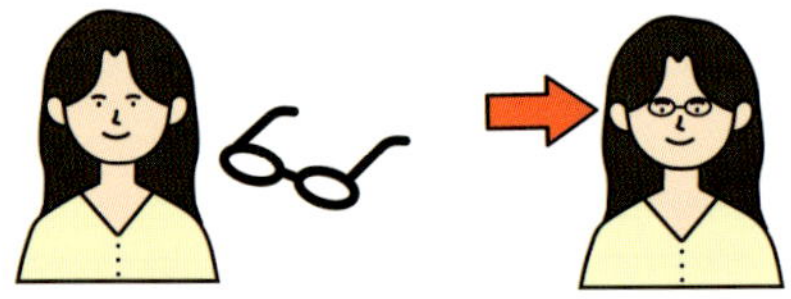

엔흐진, 안경 → ______________

2) 

마디나, 연필 → ______________

3) 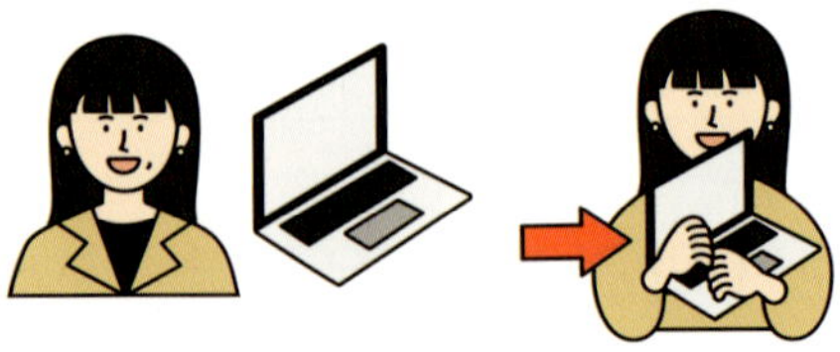

선생님, 노트북 → ______________

4) 

친구, 모자 → ______________

5) 

저, 카메라 → ______________

2. 〈보기〉와 같이 알맞은 것을 고르세요.
Select the correct answer according to the example provided.

〈보기〉 (호세 씨는 / 호세 씨의) 직업은 학생이에요.

1) (제 / 저는) 친구는 한국 사람이에요.

2) (장웨이 씨는 / 장웨이 씨의) 어느 나라 사람이에요?

3) (선생님이 / 선생님의) 이름은 이지수예요.

3. 〈보기〉와 같이 쓰세요.

Write as shown in the example.

〈보기〉

가 : 누구의 가방이에요?

나 : 사라 씨의 가방이에요.

1) 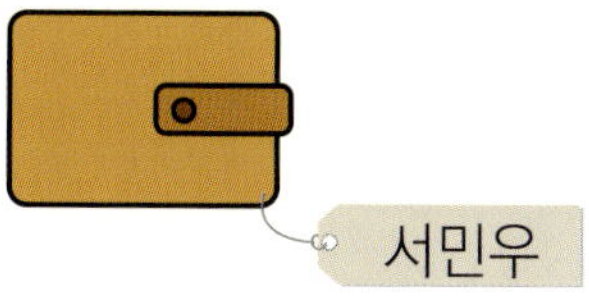

가 : ________의 ________이에요?

나 : ____________________.

2) 

가 : ________의 ________이에요?

나 : ____________________.

3) 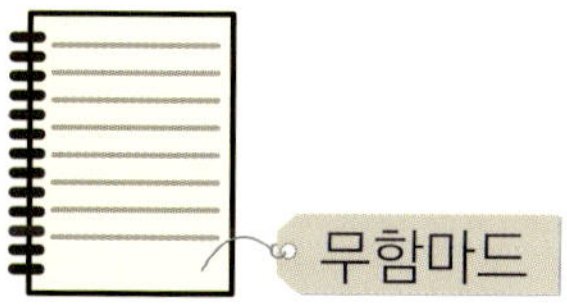

가 : ________의 ____________?

나 : ____________________.

4) 

가 : ____________________?

나 : ____________________.

5) 

가 : ____________________?

나 : ____________________.

문법 4 이거, 그거, 저거

1. 〈보기〉와 같이 알맞은 것을 고르세요.
Select the correct answer according to the example provided.

〈보기〉

(이거 / 그거 / 저거)는 모자예요.

1) 

(이거 / 그거 / 저거)는 우산이에요.

2) 

(이거 / 그거 / 저거)는 연필이에요.

3) 

(이거 / 그거 / 저거)는 노트북이에요.

2. 〈보기〉와 같이 쓰세요.
Write as shown in the example.

〈보기〉

가 : 이거는 뭐예요?
나 : 그거는 휴지예요.

1) 

가 : 이거는 뭐예요?
나 : ______________________________.

2) 

가 : 이거는 누구의 가방이에요?
나 : ______________________________.

3) 

가 : 저거는 누구의 거울이에요?
나 : ______________________________.

3. 그림을 보고 〈보기〉와 같이 쓰세요.

Look at the picture and write as shown in the example.

〈보기〉 마디나 : 이것은 무엇입니까?
서민우 : 그것은 우산입니다.

1) 서민우 : __________은 무엇입니까?

판 야 : __________은 ______________입니다.

2) 마디나 : __________은 무엇입니까?

판 야 : __________은 ______________입니다.

3) 마디나 : __________은 무엇입니까?

판 야 : __________은 ______________입니다.

4) 마디나 : __________은 무엇입니까?

서민우 : __________은 ______________입니다.

03 책상 위에 책이 있어요.

단어

1. 그림을 보고 〈보기〉와 같이 쓰세요.
Look at the picture and write as shown in the example.

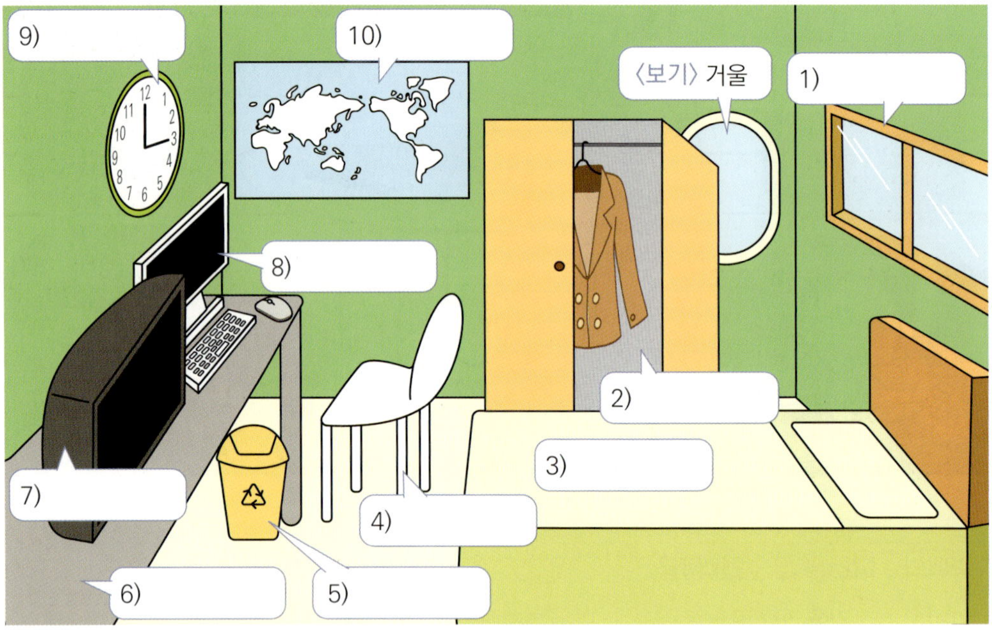

2. 〈보기〉와 같이 알맞은 것을 찾아 쓰세요.
Choose the correct answer as shown in the example.

위	아래	앞	뒤	안	밖	(N와/과 N)사이	오른쪽	왼쪽	옆

〈보기〉

뒤　1) ______　2) ______　3) ______　4) ______

5) ______　6) ______　7) ______　8) ______　9) ______

새 단어 | 침대 bed, 옷장 closet, 텔레비전 television

문법 1 N도

1. 그림을 보고 〈보기〉와 같이 쓰세요.
Look at the picture and write as shown in the example.

〈보기〉

김우진 씨는 한국 사람이에요.
이지수 씨도 한국 사람이에요.

1)

판야 씨는 회사원이에요.

______________________.

2)

호세 씨는 학생이에요.

______________________.

3)
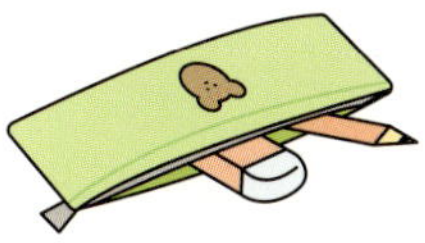

연필이 있어요.

______________________.

4)

시계가 없어요.

______________________.

5)

가 : 무엇이 있어요?
나 : 책이 있어요.

______________________.

6)

가 : 무엇이 있어요?
나 : 카메라가 있어요.

______________________.

문법 2 이/그/저 N

1. 그림을 보고 〈보기〉와 같이 고르세요.
Look at the picture and select as shown in the example.

〈보기〉

1)

2)

3)

2. 그림을 보고 〈보기〉와 같이 쓰세요.
Look at the picture and write as shown in the example.

〈보기〉

이 우산은 제 우산이에요.

1)

______ 책은 누구의 책이에요?

2)

______ 책은 호세 씨의 책이에요.

3)

______ 공책은 제 공책이에요.

3. 그림을 보고 〈보기〉와 같이 쓰세요.

Look at the picture and write as shown in the example.

〈보기〉

가 : 저 모자는 누구의 모자예요?

나 : 저 모자는 제 모자예요.

1) 

가 : 이 가방은 누구의 가방이에요?

나 : _____ 가방은 사라 씨의 가방이에요 .

2) 

가 : __________은/는 누구의 책이에요?

나 : __________은/는 장웨이 씨의 책이에요.

3) 

가 : __________은/는 누구의 거울이에요?

나 : ______________________________.

4) 

가 : ______________________________?

나 : ______________________________.

5) 

가 : ____________은/는 누구예요?

나 : ______________________________.

문법 3 N에 있어요/없어요

1. 〈보기〉와 같이 쓰세요.
Write as shown in the example.

〈보기〉

가 : 열쇠가 있어요?
나 : 네, 열쇠가 가방에 있어요.

1) 

가 : 시계가 있어요?
나 : 네, 시계가 ____________에 있어요.

2) 

가 : 연필이 있어요?
나 : 네, 연필이 ____________에 있어요.

3) 

가 : 화장실에 사람이 있어요?
나 : ______________________________.

4) 

가 : 방에 사람이 있어요?
나 : 아니요, ______________________.

2. 그림을 보고 〈보기〉와 같이 쓰세요.
Look at the picture and write as shown in the example.

〈보기〉 가 : 책이 어디에 있어요?
나 : 책상 위에 있어요.

1) 가 : 지우개가 어디에 있어요?
나 : _________ 있어요.

2) 가 : 우산이 어디에 있어요?
나 : 우산이 ____________ 있어요.

3) 가 : 책상 옆에 가방이 있어요?
나 : 아니요, ____________________.

4) 가 : 책상 아래에 쓰레기통이 있어요?
나 : 아니요, ____________________.

새 단어 | 화장실 bathroom

단어

1. 〈보기〉와 같이 쓰세요.
Write as shown in the example.

〈보기〉

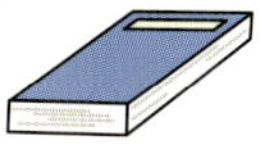

하나

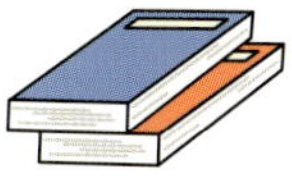

1) ________

2) ________

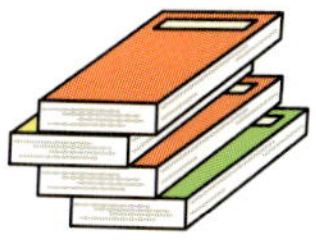

3) ________

4) ________

5) ________

6) ________

7) ________

8) ________

열

9) ________

10) ________

11) ________

12) ________

13) ________

14) ________

15) ________

16) ________

열아홉

17) ________

문법 4 N 개/명/권/대

1. 〈보기〉와 같이 알맞은 것을 찾아 쓰세요.
Choose the correct answer as shown in the example.

〈보기〉	공책	안경	사람	카메라	가방	시계
	텔레비전	우산	친구	책	지우개	컴퓨터

N 개
안경

N 명

N 권

N 대

2. 그림을 보고 〈보기〉와 같이 쓰세요.
Look at the picture and write as shown in the example.

〈보기〉

연필, 4

가 : 연필이 몇 개 있어요?
나 : 연필이 네 개 있어요.

1)

책, 5

가 : 책이 몇 ________ 있어요?
나 : ________________________.

2)

모자, 3

가 : 모자가 ________ 있어요?
나 : ________________________.

3)

노트북, 2

가 : 노트북이 ________________?
나 : ________________________.

4)

친구, 10

가 : ________________________?
나 : ________________________.

04 방에서 책을 읽어요.

단어

1. 〈보기〉와 같이 알맞은 것을 찾아 쓰세요.
Choose the correct answer as shown in the example.

학교	집	도서관	기숙사	백화점	식당	영화관	공원

〈보기〉

가 : 여기가 어디예요?
나 : 여기는 (도서관)이에요.

1) 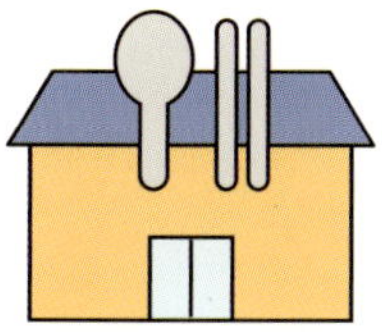

가 : 여기가 어디예요?

나 : 여기는 ( )이에요.

2) 

가 : 여기가 어디예요?

나 : 여기는 ( )예요.

3) 

가 : 거기가 어디예요?

나 : 여기는 ( )이에요.

4) 

가 : 저기는 어디예요?

나 : 저기는 ( )이에요.

5) 

가 : 거기가 어디예요?

나 : 여기는 ( )이에요.

2. 그림을 보고 〈보기〉와 같이 쓰세요.

Look at the picture and write as shown in the example.

공부하다	쇼핑하다	보다	만나다	마시다	먹다	자다	운동하다	읽다

〈보기〉

읽다

1)  ________

2)  ________

3)  ________

4)  ________

5)  ________

6)  ________

7)  ________

8)  ________

문법 1 V-아요/어요

1. 다음과 같이 쓰세요.
Write as follows.

	V-아요		V-어요		V-해요
놀다	놀아요	먹다		공부하다	
사다		쉬다		쇼핑하다	
보다		배우다		산책하다	
자다		마시다		여행하다	

2. 그림을 보고 〈보기〉와 같이 쓰세요.
Look at the picture and write as shown in the example.

〈보기〉

가 : 뭐 해요?
나 : 만 나 요.

1) 

가 : 뭐 해요?
나 : □□□.

2) 

가 : 뭐 해요?
나 : □□.

3) 

가 : 뭐 해요?
나 : □□□.

4) 

가 : 뭐 해요?
나 : □□□.

5) 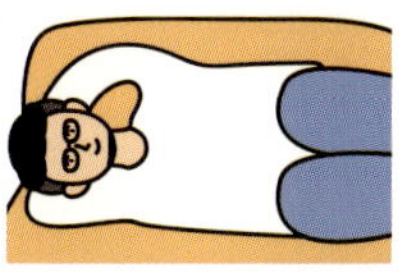

가 : 뭐 해요?
나 : □□□.

6) 

가 : 뭐 해요?
나 : □□□□.

문법 2 N을/를

1. 다음과 같이 쓰세요.
Write as follows.

	N을		N를
가방	가방을	카드	카드를
지갑		휴지	
필통		모자	
안경		카메라	
쓰레기통		지우개	

2. 〈보기〉와 같이 알맞은 것을 고르세요.
Select the correct answer according to the example provided.

〈보기〉 연필(을 / 를) 사요.

1) 한국어(을 / 를) 읽어요.

2) 선생님(을 / 를) 만나요.

3) 밥(을 / 를) 먹어요.

4) 물(을 / 를) 마셔요.

5) 공부(을 / 를) 해요.

6) 운동(을 / 를) 해요.

3. 〈보기〉와 같이 어울리는 것을 찾아서 알맞게 바꿔 쓰세요.
Find something that goes well with 〈example〉 and change it accordingly.

〈보기〉 책 ·	· 하다 →	______________.
1) 잠 ·	· 보다 →	______________.
2) 텔레비전 ·	· 만나다 →	______________.
3) 친구 ·	· 읽다 →	책을 읽어요.
4) 쇼핑 ·	· 자다 →	______________.

새 단어 | 잠 sleep

문법 3 N에서

1. 〈보기〉와 같이 쓰세요.
Write as shown in the example.

〈보기〉

학교에서 선생님을 만나요.

1)

______ 책을 사요.

2)

______ 영화를 봐요.

3)

______ 쇼핑을 해요.

4)

______ 공부를 해요.

2. 〈보기〉와 같이 알맞은 것을 고르세요.
Select the correct answer according to the example provided.

〈보기〉 도서관(에 / (에서)) 숙제를 해요.

1) 친구 집(에 / 에서) 요리를 해요.

2) 화장실(에 / 에서) 휴지가 없어요.

3) 공원(에 / 에서) 커피를 마셔요.

4) 서점(에 / 에서) 책을 사요.

5) 병원(에 / 에서) 의사를 만나요.

6) 교실(에 / 에서) 학생이 있어요.

새 단어 | 병원 hospital

3. 〈보기〉와 같이 쓰고 말하세요.
Write and speak as shown in the example.

공부를 하다	책을 읽다	거울을 보다	친구를 만나다	밥을 먹다	산책을 하다
커피를 마시다	잠을 자다	운동을 하다	놀다	노트북을 하다	요리하다

〈보기〉

집

① 집에서 밥을 먹어요.
② 집에서 운동을 해요.
③ 집에서 잠을 자요.

1)

기숙사

① ______________________.
② ______________________.
③ ______________________.

2)

공원

① ______________________.
② ______________________.
③ ______________________.

3)

커피숍

① ______________________.
② ______________________.
③ ______________________.

문법 4 안 V, V-지 않다

1. 다음과 같이 쓰세요.
Write as follows.

	안 V	V-지 않다
먹다	안 먹다	먹지 않다
보다		
사다		
읽다		
만나다		
운동하다		
쇼핑하다		

2. 〈보기〉와 같이 알맞은 대답을 쓰세요.
Write down the correct answer as shown in the example.

〈보기〉

루이스 씨, 영화를 봐요? → 아니요, 영화를 안 봐요.
아니요, 영화를 보지 않아요.

1) 무함마드 씨, 산책을 해요?

→ 아니요, ______________.
아니요, ______________.

2) 사라 씨, 커피를 마셔요?

→ 아니요, ______________.
아니요, ______________.

3) 하루키 씨, 자요?

→ 아니요, ______________.
아니요, ______________.

4) 호세 씨, 한국어를 배워요?

→ 아니요, ______________.
아니요, ______________.

3. 〈보기〉와 같이 쓰세요.

Write as shown in the example.

먹다	마시다	보다	만나다	읽다	자다
운동하다	쇼핑하다	요리하다	산책하다	숙제하다	쉬다

오늘 해요	오늘 안 해요
〈보기〉 오늘 밥을 먹어요.	오늘 산책을 안 해요.

새 단어 | 오늘 today

05 모자가 귀여워요.

단어

1. 〈보기〉와 같이 의미가 반대인 단어를 쓰세요.
Write the word that has the opposite meaning as shown in the example.

〈보기〉

멀다 ⟷ <u>가깝다</u>

1)

싸다 ⟷ ________

2)

더럽다 ⟷ ________

3)

________ ⟷ 적다

4)

________ ⟷ 두껍다

5)
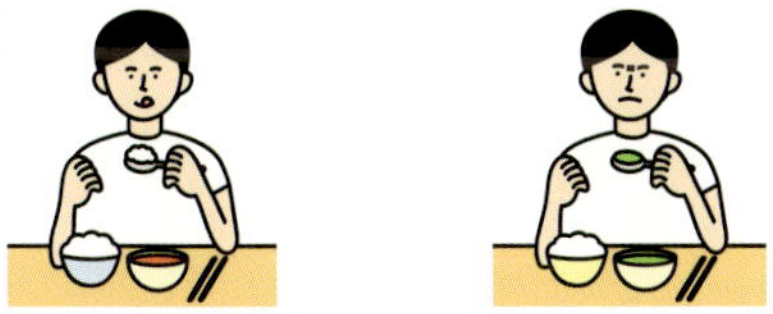

맛있다 ⟷ ________

6)
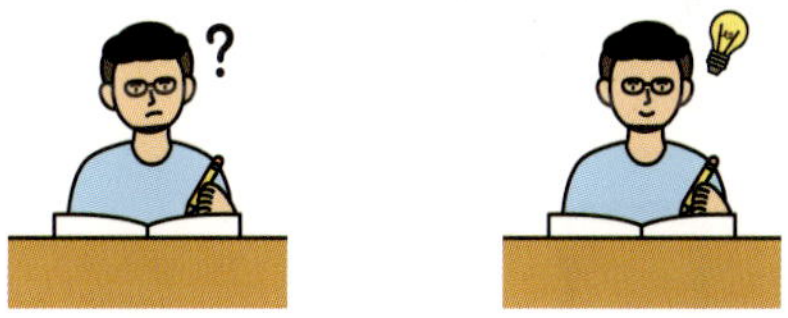

어렵다 ⟷ ________

7)

가볍다 ⟷ ________

8)

재미있다 ⟷ ________

9)
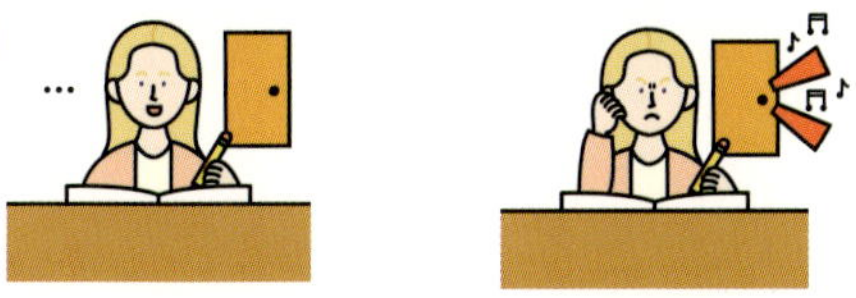

________ ⟷ 시끄럽다

10)

좋다 ⟷ ________

문법 1 N이/가 A-아요/어요

1. 다음과 같이 쓰세요.
Write as follows.

	N이 A-아요/어요		N가 A-아요/어요
사람, 많다	사람이 많아요	침대, 좋다	
가방, 싸다		영화, 재미있다	
공원, 멀다		학교, 넓다	
집, 깨끗하다		기숙사, 조용하다	

2. 〈보기〉와 같이 알맞은 대답을 쓰세요.
Write down the correct answer as shown in the example.

〈보기〉

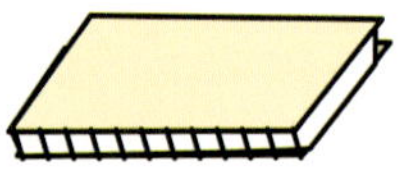

가 : 공책이 어때요?
나 : 공책이 얇아요.

1)

가 : 김밥이 어때요?
나 : 김밥이 ________________.

2)

가 : 휴대폰이 어때요?
나 : 휴대폰이 ________________.

3)

가 : 영화가 재미있어요?
나 : 아니요, ________________.

4)

가 : 한국 친구가 적어요?
나 : 아니요, ________________.

3. 〈보기〉와 같이 알맞은 문장을 만드세요.
Please create an appropriate sentence as shown in the example.

〈보기〉 

1) 

2) 

3) 

4) 

5) 

6) 

7) 

〈보기〉	<u>휴대폰이 얇아요</u>.

1) ______________________________.

2) ______________________________.

3) ______________________________.

4) ______________________________.

5) ______________________________.

6) ______________________________.

7) ______________________________.

4. 〈보기〉와 같이 알맞은 것을 고르세요.

Select the correct answer according to the example provided.

〈보기〉	학교(가 / 를) 넓어요.

1) 화장실(이 / 을) 깨끗해요.

2) 저는 커피를 (좋아요 / 좋아해요).

3) 교실에 의자(가 / 를) 많아요.

4) 친구의 노트북이 아주 (좋아요 / 좋아해요).

5) 저는 산책(이 / 을) 좋아해요.

6) 가 : 여행을 (좋아요 / 좋아해요)?

나 : 아니요, 저는 안 (좋아요 / 좋아해요).

7) 가 : 이 휴대폰(이 / 을) 어때요?

나 : 카메라(가 / 를) 좋아요.

8) 제 친구는 김밥을 안 (좋아요 / 좋아해요).

새 단어	좋아하다 to like

문법 2 ㅂ불규칙

1. 다음과 같이 쓰세요.
Write as follows.

	A/V-아요/어요		A/V-아요/어요
쉽다	쉬워요	가깝다	
무겁다		돕다	
더럽다		*입다	
어렵다		*잡다	
가볍다		*좁다	

2. 〈보기〉와 같이 알맞은 대답을 쓰세요.
Write down the correct answer as shown in the example.

〈보기〉

가 : 한국어가 어때요?
나 : 한국어가 쉬워요.

1)

가 : 가방이 어때요?
나 : 가방이 ________________________.

2)

가 : 화장실이 어때요?
나 : 화장실이 ________________________.

3)

가 : 커피숍이 조용해요?
나 : 아니요, 커피숍이 ________________________.

4)

가 : 학교가 멀어요?
나 : 아니요, ________________________.

문법 3 A/V-고 A/V

1. 다음과 같이 쓰세요.
Write as follows.

	A-고 A		V-고 V
싸다, 좋다	싸고 좋아요	먹다, 놀다	
좁다, 더럽다		마시다, 먹다	
비싸다, 맛없다		쉬다, 요리하다	
넓다, 깨끗하다		운동하다, 쇼핑하다	

2. 〈보기〉와 같이 어울리는 것을 찾아서 알맞게 바꿔 쓰세요.
Find an appropriate option as shown in the example and rewrite it accordingly.

쉽다	싸다	힘들다	작다	재미없다
넓다	귀엽다	좋다	조용하다	맛있다

〈보기〉 

가 : 한국어 공부가 어때요?
나 : 쉽고 재미있어요.

1) 

가 : 인형이 귀여워요?
나 : 네, ____________ 귀여워요.

2) 

가 : 운동이 힘들어요?
나 : 네, ____________ 재미없어요.

3) 

가 : 그 커피숍이 어때요?
나 : ________________________.

4) 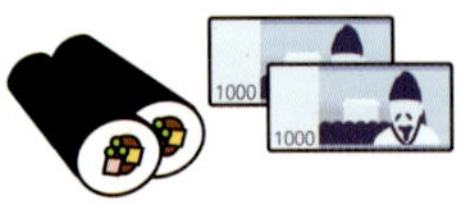

가 : 김밥이 어때요?
나 : ________________________.

새 단어 힘들다 to be hard

3. 쉬는 시간에 선생님과 친구들은 무엇을 해요? 알맞게 쓰세요.

What do teachers and friends do during break time? Write appropriately.

여기는 교실이에요. 선생님과 무함마드 씨, 사라 씨, 호세 씨, 엔흐진 씨가 있어요. 선생님은 쉬어요.

무함마드 씨는 ________________ 사라 씨는 ________________.
(-고)

호세 씨는 ______________ 엔흐진 씨는 ___________________________.
(-고)

문법 4 A/V-지만

1. 다음과 같이 쓰세요.

Write as follows.

	A-지만		V-지만
비싸다	비싸지만	자다	
어렵다		놀다	
좁다		배우다	
없다		공부하다	

2. 〈보기〉와 같이 알맞은 대답을 쓰세요.
Write down the correct answer as shown in the example.

〈보기〉 English 재미있다, 어렵다
가 : 영어가 어려워요?
나 : 네, 재미있지만 어려워요.

1)  두껍다, 재미있다
가 : 책이 재미있어요?
나 : 네, __________ 재미있어요.

2)  멀다, 좋다
가 : 마트가 좋아요?
나 : 네, ____________________.

3)  싸다, 맛없다
가 : 커피가 맛있어요?
나 : 아니요, ____________________.

4)  어렵다, 안 힘들다
가 : 한국어 공부가 힘들어요?
나 : 아니요, ____________________.

3. 〈보기〉와 같이 쓰세요.
Write as shown in the example.

〈보기〉  커피
호세 : 마시다, 사라 : 안 마시다
호세는 커피를 마시지만 사라는 커피를 안 마셔요.

1)  김밥
엔흐진 : 먹다, 무함마드 : 안 먹다
엔흐진은 김밥을 __________ 무함마드는 김밥을 __________.

2)  인형
마리아 : 좋아하다, 김우진 : 싫어하다
마리아는 ______________ 김우진은 ______________.

3) English 영어
아마드 : 공부하다, 하루키 : 공부하지 않다
____.

새 단어 | 싫어하다 to dislike

4. 〈보기〉와 같이 알맞은 것을 골라 쓰세요.
Choose the appropriate one as shown in the example.

은/는	이/가	을/를	와/과	에	에서

〈보기〉 저는 학생이에요.

1) 저는 백화점______ 쇼핑해요.

2) 교실 앞____ 쓰레기통이 있어요.

3) 저는 친구____ 같이 숙제해요.

4) 제 친구는 커피숍에서 책____ 읽어요.

5) 선생님은 중국 사람____ 아니에요.

5. 〈보기〉와 같이 순서에 맞게 문장을 만들어서 쓰세요.
Write sentences in order as shown in the example.

〈보기〉 없어요, 저는, 가, 카메라 → 저는 카메라가 없어요.

1) 가방, 귀여워요, 비싸지만, 이 → ______________________________.

2) 제 친구, 에서, 운동해요, 공원, 는 → ______________________________.

3) 사람, 도서관, 이, 에, 많아요 → ______________________________.

4) 1명, 저는, 있어요, 가, 한국 친구 → ______________________________.

5) 저는, 을, 책, 친구는, 해요, 읽고, 숙제를 → ______________________________.

06 저는 주말에 청소해요.

단어

1. 달력을 보고 〈보기〉와 같이 쓰세요.
Look at the calendar and write as shown in the example.

8월

월요일	화요일	수요일	목요일	금요일	토요일	일요일
			1	2	3	4
5	6	7 오늘	8	9	10	11
12	13	14	15	16	17	18

〈보기〉 오늘 가 : 오늘이 무슨 요일이에요?
나 : 수요일이에요.

1) 어제 가 : 어제가 무슨 요일이에요?

나 : ____________________.

2) 내일 가 : 내일이 ____________________?

나 : ____________________.

3) 모레 가 : ____________________?

나 : ____________________.

4) 그저께 가 : ____________________?

나 : ____________________.

2. 〈보기〉와 같이 쓰고 말하세요.
Write and speak as shown in the example.

〈보기〉 010-6589-2214

가 : 휴대폰 번호가 뭐예요?
나 : 공일공 육오팔구에 이이일사예요.

1) 010-7023-6983

가 : 휴대폰 번호가 뭐예요?
나 : ______________________이에요.

2) 031) 852-0420

가 : 사무실 전화번호가 뭐예요?
나 : ______________________.

3) 02) 2682-4457

가 : 서점 전화번호가 뭐예요?
나 : ______________________.

3. 〈보기〉와 같이 쓰고 말하세요.
Write and speak as shown in the example.

〈보기〉 기숙사 방 / 305호

가 : 기숙사 방이 몇 호예요?
나 : 제 방은 삼백오 호예요.

1) 교실 / 213호

가 : 교실이 몇 호예요?
나 : ______________________예요.

2) 집 / 410호

가 : 집이 몇 호예요?
나 : ______________________.

3) 기숙사 방 / 106호

가 : ______________________?
나 : ______________________.

새 단어 | 사무실 office, N 호 room N

문법 1 시간

1. 언제예요? 〈보기〉와 같이 쓰세요.
What time of the day is it? Write as shown in the example.

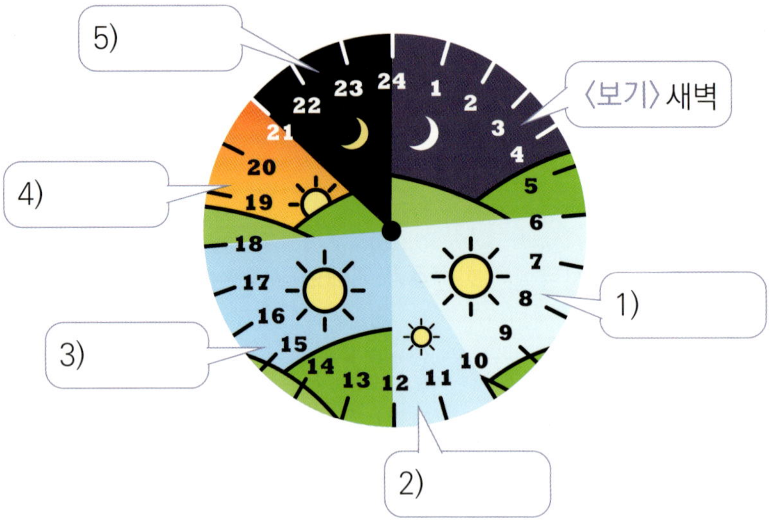

2. 몇 시예요? 〈보기〉와 같이 알맞은 대답을 쓰세요.
What time is it? Write the correct answer as shown in the example.

〈보기〉

한국

가 : 한국은 지금 몇 시예요?
나 : 오전 아홉 시예요.

1) 
중국

가 : 중국은 지금 몇 시예요?
나 : 오전 ______________________.

2) 
스페인

가 : 스페인은 지금 몇 시예요?
나 : 새벽 ______________________.

3) 
베트남

가 : 베트남은 지금 몇 시예요?
나 : 오전 ______________________.

4) 
멕시코

가 : 멕시코는 지금 몇 시예요?
나 : 오후 ______________________.

문법 2 N부터 N까지

1. 다음과 같이 쓰세요.
Write as follows.

	N부터 N까지
1시, 4시	1시부터 4시까지
아침, 저녁	
오늘, 모레	
월요일, 금요일	
오전 9시, 밤 10시 40분	

2. 그림을 보고 〈보기〉와 같이 쓰세요.
Look at the picture and write as shown in the example.

월요일	화요일	수요일	목요일	금요일	토요일	일요일
			1	2	3	4
5	6	7	8	9	10	11
← 〈보기〉 한국어를 배우다 →						
1) 9:00~10:00 청소하다		2) 7:00~8:00 공원에서 운동하다				3) 5:00~ 집에서 쉬다

〈보기〉 가 : 언제 한국어를 배워요?
나 : 월요일부터 금요일까지 한국어를 배워요.

1) 가 : 언제 청소해요?

나 : 월요일 9시______ 10시______ 청소해요.

2) 가 : 언제 운동해요?

나 : 수요일__________________ 공원에서 운동해요.

3) 가 : 일요일에 무엇을 해요?

나 : ______________________________.

문법 3 날짜

1. ( )에 알맞은 말을 쓰세요.
Write the appropriate word in the parentheses.

10월

월요일	화요일	수요일	목요일	금요일	토요일	일요일
	1	2	3	4	5	6
7	8	9	10	11	12	13
14	15	16	17 오늘	18	19 장웨이 생일	20
21	22	23	24	25 린 생일	26	27
28	29	30	31			

오늘은 1) ( ) 십칠 일이에요. 목요일이에요.

시월에 우리 반 친구들의 생일이 있어요.

2) ( )은 장웨이 씨의 생일이에요.

장웨이 씨의 생일은 이번 주 3) ( )이에요.

린 씨의 생일도 이번 달이에요.

시월 4) ( )이에요. 5) ( ) 금요일이에요.

문법 4 N에

1. 다음과 같이 쓰세요.
Write as follows.

	N에		N
아침	아침에	*오늘	오늘
1시		*내일	
생일		*지금	
이번 주		*모레	
다음 달		*매일	

2. 달력의 빈칸을 채우고 〈보기〉와 같이 알맞은 대답을 쓰세요.
Fill in the blanks on the calendar and write the appropriate answer as shown in the example.

월요일	화요일	수요일	목요일	금요일	토요일	일요일
			1	2	3	4
5	6 오늘	7	8	9	10	11

〈보기〉 오늘, 친구를 만나다

1) ________, 쇼핑하다

2) ________, 커피숍에서 공부하다

3) ________, 친구 집에서 놀다

〈보기〉 가 : 언제 친구를 만나요?
나 : 오늘 친구를 만나요.

1) 가 : 쇼핑을 언제 해요?
나 : ____.

2) 가 : 언제 공부를 해요?
나 : ____.

3) 가 : 언제 친구와 놀아요?
나 : ____.

3. 그림을 보고 〈보기〉와 같이 쓰세요.

Look at the picture and write as shown in the example.

〈보기〉 가 : 월요일에 무엇을 해요?

나 : 월요일 오전에 학교에서 한국어를 공부해요.

1) 가 : 언제 친구를 만나요?

나 : ______________________________.

2) 가 : 무슨 요일에 도서관에서 공부해요?

나 : ______________________________.

3) 가 : 언제 운동해요?

나 : ______________________________.

4) 가 : 일요일에 뭐 해요?

나 : ______________________________.

5) 가 : 무슨 요일에 쇼핑해요?

나 : ______________________________.

07 내일 공원에 갈까요?

단어

1. 〈보기〉와 같이 알맞은 단어를 찾아 쓰세요.
Find and write the appropriate word as shown in the example.

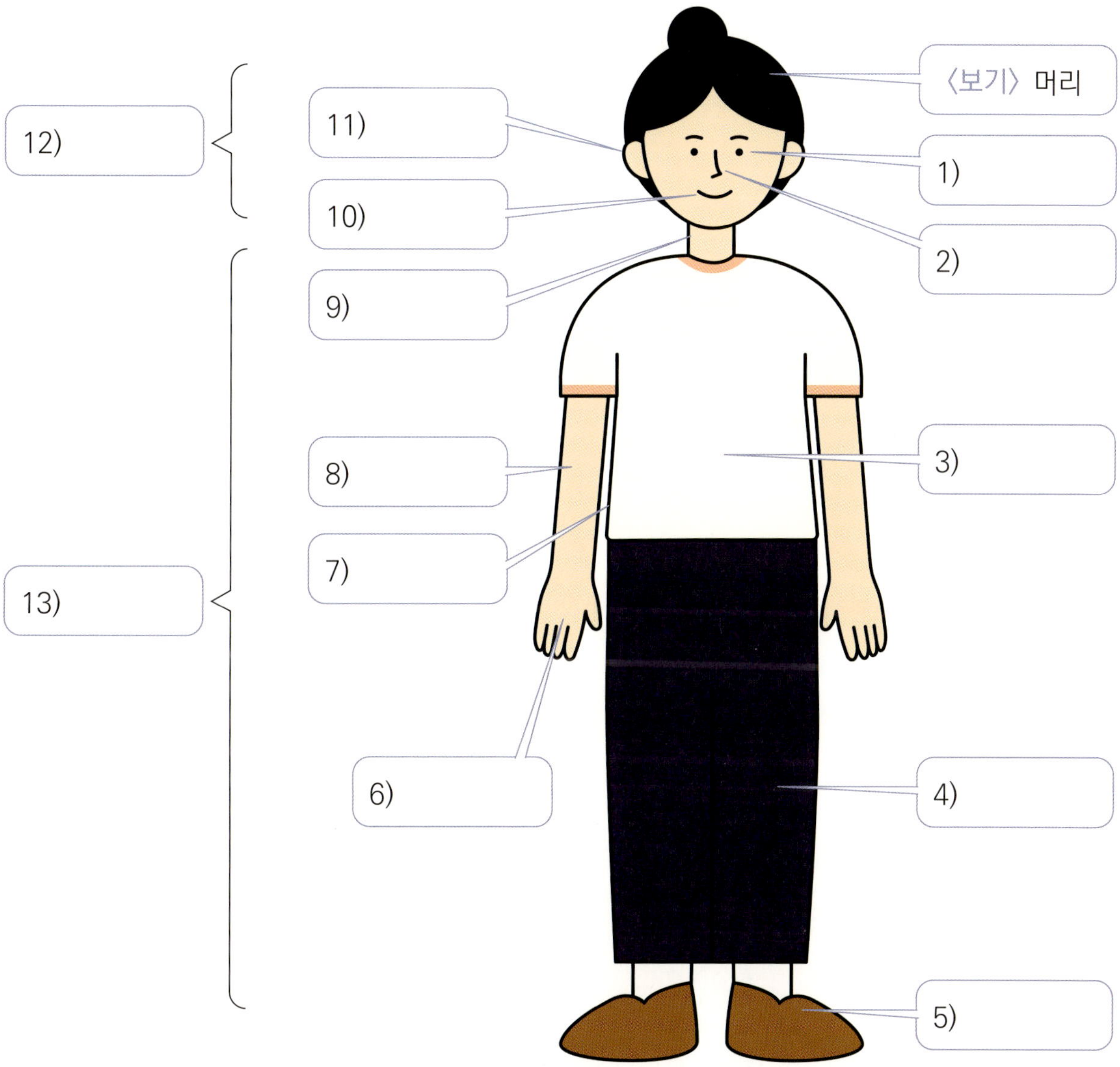

귀	눈	손	입	배	발	얼굴
팔	목	코	허리	머리	다리	몸

2. 〈보기〉와 같이 알맞은 단어를 쓰세요.
Write the appropriate words as shown in the example.

〈보기〉

크다

1)  ________

2)  ________

3)  ________

4)  ________

5)  ________

6)  ________

7)  ________

문법 1 N에 가다/오다

1. 다음과 같이 쓰세요.
Write as follows.

	N에 가다	N에 오다
학교	학교에 가다	학교에 오다
기숙사		
백화점		
공원		

2. 그림을 보고 〈보기〉와 같이 쓰세요.

Look at the picture and write as shown in the example.

〈보기〉

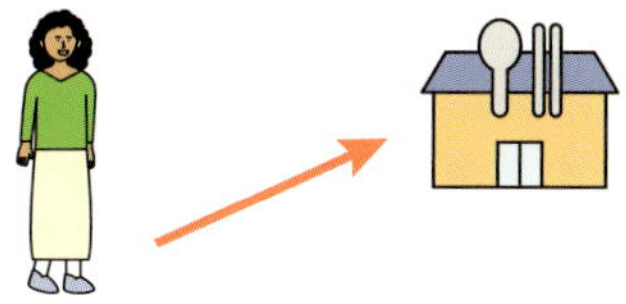

가 : 사라 씨, 지금 어디에 가요?

나 : 식당에 가요.

1) 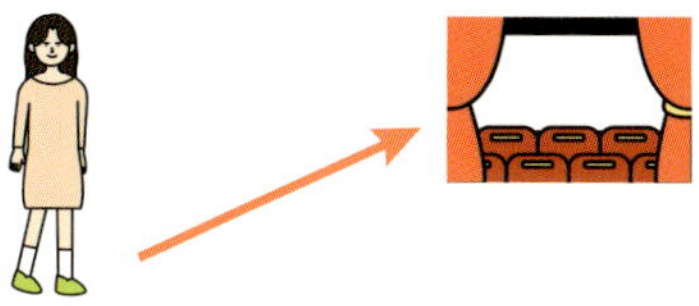

가 : 엔흐진 씨, 오늘 어디에 가요?

나 : ______________________________.

2) 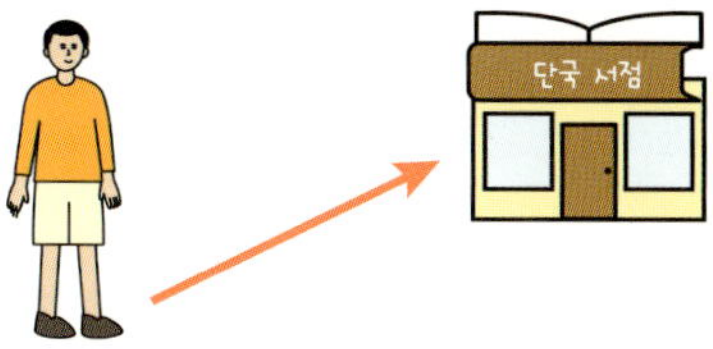

가 : 아마드 씨, 지금 ________________?

나 : ______________________________.

3) 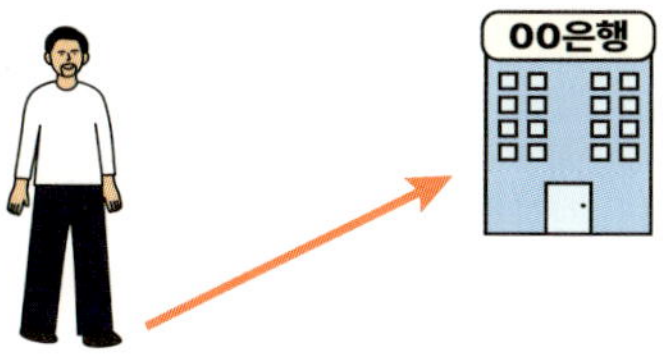

가 : 무함마드 씨, 언제 ___________________?

나 : 오늘 오후에 _______________________.

3. 그림을 보고 〈보기〉와 같이 쓰세요.

Look at the picture and write as shown in the example.

〈보기〉

하루키 씨는 8시 30분에 학교에 와요.

1) 

저는 매일 오전 9시에 __________________.

2) 

루이스 씨는 저녁 7시쯤에 __________________.

3) 

장웨이 씨가 지금 __________________.

문법 2 V-을까요?/ㄹ까요?

1. 다음과 같이 쓰세요.
Write as follows.

	V-을까요?		V-ㄹ까요?
먹다	먹을까요?	가다	갈까요?
읽다		쓰다	
잡다		배우다	
입다		산책하다	

2. 그림을 보고 〈보기〉와 같이 쓰세요.
Look at the picture and write as shown in the example.

〈보기〉

가 : 오늘 저녁에 공원에 갈까요?
나 : 네, 좋아요.

1)

가 : 금요일에 같이 밥을 ____________________?
나 : 좋아요. 같이 먹어요.

2)

가 : 이번 주말에 같이 ____________________?
나 : 좋아요. 토요일에 가요.

3)

가 : 내일 ____________________?
나 : 미안해요. 내일은 시간이 없어요.

4)

가 : 우리 방학에 ____________________?
나 : 미안하지만 저는 방학에 고향에 가요.

새 단어 | 방학 vacation

문법 3 'ㅡ' 탈락

1. 다음과 같이 쓰세요.
Write as follows.

	A/V-아요		A/V-어요
바쁘다	바빠요	크다	커요
나쁘다		쓰다	
아프다		예쁘다	
배고프다		슬프다	

2. 그림을 보고 〈보기〉와 같이 쓰세요.
Look at the picture and write as shown in the example.

〈보기〉

가 : 오늘 시간이 있어요?
나 : 아니요, 시간이 없어요. 바빠요.

1) 

가 : 이 옷이 어때요?

나 : 아주 ____________.

2) 

가 : 옷이 작아요?

나 : 아니요, ____________.

3) 

가 : 우리 같이 점심 먹을까요?

나 : 좋아요. 너무 ____________.

4) 

가 : 오늘 날씨가 좋아요?

나 : 아니요, 안 좋아요. 날씨가 ________.

5) 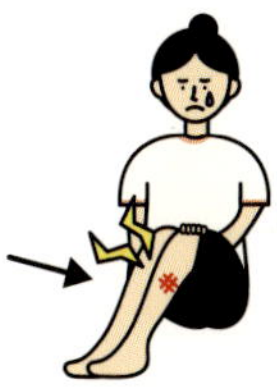

가 : 내일 같이 운동할까요?

나 : 미안해요. 저는 ______________.

문법 4 A/V-았어요/었어요

1. 다음과 같이 쓰세요.
Write as follows.

	A/V-았어요		A/V-었어요
놀다	놀았어요	읽다	
사다		맛있다	
보다		마시다	
	-했어요	*크다	
운동하다		*예쁘다	
깨끗하다		*쉽다	

	N이었어요		N였어요
회사원	회사원이었어요	1시	1시였어요
월요일		의사	

2. 어제 무엇을 했어요? 〈보기〉와 같이 알맞은 단어를 찾아서 문장을 완성하세요.
What did you do yesterday? Find the appropriate word as shown in the example and complete the sentence.

맛있다	먹다	귀엽다	아프다	일요일
사다	오다	마시다	가다	

어제는 〈보기〉 일요일이었어요.

저는 어제 친구와 백화점에 1) ____________. 백화점에서 밥을 2)____________. 커피도

3)____________. 커피가 싸고 4) ____________. 그리고 우리는 모자를 5) ____________.

모자가 조금 비쌌지만 6) ____________.

저녁 9시쯤 기숙사에 7) ____________. 아주 재미있었지만 다리가 8) ______________.

3. 어디에 갔어요? 무엇을 했어요? 어땠어요? 〈보기〉와 같이 쓰세요.

Where did you go? What did you do? How was it? Write as shown in the example.

언제? | 어디? | 무엇을 했어요? | 어땠어요?

〈보기〉 저는 지난 주말에 서울에 갔어요.
서울에서 커피를 마셨어요.
맛있었어요.

1) 저는 ________________________________.

________________________________.

________________________________.

2) 저는 ________________________________.

________________________________.

________________________________.

3) 저는 ________________________________.

________________________________.

________________________________.

08 비빔밥 한 그릇 주세요.

단어

1. 〈보기〉와 같이 쓰세요.
Write as shown in the example.

〈보기〉 908 (구백팔)

1) 124 (   )

2) 5,014 (   )

3) 20,240 (   )

4) 105,708 (   )

5) 4,678,090 (   )

6) 65,400,380 (   )

7) 987,565,000 (   )

2. 그림을 보고 〈보기〉와 같이 쓰세요.
Look at the picture and write as shown in the example.

영수증

콜라	2,000
주스	3,500
커피	2,700
우유	5,500
라면	4,800
결제 금액	18,500

감사합니다

〈보기〉 가 : 콜라가 얼마예요?
나 : 이천 원이에요.

1) 가 : 주스가 얼마예요?
나 : ____________________이에요.

2) 가 : 커피가 얼마예요?
나 : ____________________이에요.

3) 가 : 우유가 얼마예요?
나 : ____________________이에요.

4) 가 : 라면이 얼마예요?
나 : ____________________이에요.

3. 그림을 보고 〈보기〉와 같이 쓰세요.

Look at the picture and write as shown in the example.

메 뉴

〈보기〉

비빔밥 1(그릇)
12,000원

1)

짜장면 1(　　　)
6,000원

2)

삼겹살 1(　　　)
11,000원

3)

된장찌개 1(　　　)
9,000원

4)

피자 1(　　　)
8,000원

5)

주스 1(　　　)
4,500원

6)

우유 1(　　　)
2,000원

7)

맥주 1(　　　)
4,000원

〈보기〉 비빔밥 한 그릇은 12,000원이에요.

1) ____.

2) ____.

3) ____.

4) ____.

5) ____.

6) ____.

7) ____.

새 단어

짜장면 jjajangmyeon(black-bean-sauce noodles), 삼겹살 samgyeopsal(grilled pork belly), 된장찌개 doenjang jjigae(bean paste stew)

문법 1 V-고 싶다

1. 다음과 같이 쓰세요.
Write as follows.

	V-고 싶다		V-고 싶다
읽다	읽고 싶다	보다	
입다		쓰다	
놀다		공부하다	

2. 〈보기〉와 같이 쓰세요.
Write as shown in the example.

〈보기〉 가 : 시간이 있어요?(시간이 있다)
나 : 네, 그래서 친구와 놀고 싶어요.(친구와 놀다)

1) 가 : ____________________?(피곤하다)
나 : 네, 그래서 ____________________.(집에서 쉬다)

2) 가 : ____________________?(배고프다)
나 : 네, 그래서 ____________________.(빨리 밥을 먹다)

3) 가 : ____________________?(배가 아프다)
나 : 네, ____________________.(화장실에 가다)

3. 그림을 보고 〈보기〉와 같이 쓰세요.
Look at the picture and write as shown in the example.

〈보기〉 
가 : 지금 산책할까요?
나 : 아니요, 날씨가 안 좋아요. 산책하고 싶지 않아요.

1) 
가 : 우리 이 책을 같이 읽을까요?
나 : 아니요, ____________________.

2) 
가 : 오늘 비빔밥을 먹을까요?
나 : 아니요, ____________________.

새 단어 | 빨리 quickly

4. 〈보기〉와 같이 알맞은 것을 고르세요.

Select the correct answer according to the example provided.

〈보기〉 호세 씨는 주말에 집에서 (쉬고 싶어요 / 쉬고 싶어 해요).

1) 저는 한국 영화를 좋아해요. 매일 영화를 (보고 싶어요 / 보고 싶어 해요).

2) 사라 씨는 지금 커피를 (마시고 싶어요 / 마시고 싶어 해요).

3) 무함마드 씨는 N서울타워에 (가고 싶어요 / 가고 싶어 해요).

4) 친구가 다리가 아파요. 의자에 (앉고 싶어요 / 앉고 싶어 해요).

5) 그 식당이 정말 맛있어요. 다음에 또 (가고 싶어요 / 가고 싶어 해요).

5. 그림을 보고 〈보기〉와 같이 쓰세요.

Look at the picture and write as shown in the example.

〈보기〉

식당, 가다 / 사라, 밥을 먹다

가 : 지금 뭐 해요?
나 : 식당에 가요.
사라 씨가 밥을 먹고 싶어 해요.

1)

영화, 보다 / 호세, 영화를 보다

가 : 오늘 뭐 해요?

나 : ______________________________.

2)

백화점, 가다 / 아마드, 옷을 사다

가 : 지금 어디에 가요?

나 : ______________________________.

3)

공원, 가다 / 친구, 자전거를 타다

가 : 오후에 뭐 해요?

나 : ______________________________.

4)

서울, 가다 / 친구, 명동에 가다

가 : 어제 어디에 갔어요?

나 : ______________________________.

문법 2 A/V-으니까/니까

1. 다음과 같이 쓰세요.
Write as follows.

	A/V-으니까	A/V-았/었으니까
앉다	앉으니까	
읽다		
맛없다		
*맵다		
*가깝다		
	A/V-니까	A/V-았/었으니까
보다		
바쁘다		
예쁘다		
배고프다		
피곤하다		

	N이니까	N이었으니까
학생		
주말		
	N니까	N였으니까
친구		
학교		

2. 그림을 보고 〈보기〉와 같이 쓰세요.
Look at the picture and write as shown in the example.

〈보기〉

피곤하다, 커피를 마시다

가 : 피곤하니까 커피를 마실까요?

나 : 좋아요.

1) 

배고프다,
같이 밥을 먹다

가 : ______________________________?

나 : 좋아요.

2) 

날씨가 좋다,
산책하다

가 : ______________________?

나 : 미안해요. 오늘 조금 바빠요.

3) 

방이 더럽다,
청소하다

가 : ______________________?

나 : 좋아요.

4) 

한국어가 어렵다,
같이 공부하다

가 : ______________________?

나 : 좋아요.

5) 

시험이다,
도서관에 가다

가 : ______________________?

나 : 미안해요. 혼자 공부하고 싶어요.

3. 그림을 보고 〈보기〉와 같이 쓰세요.

Look at the picture and write as shown in the example.

〈보기〉

학교 식당의 비빔밥이 맛있다,
거기에서 먹다

가 : 오늘 어디에서 점심을 먹고 싶어요?

나 : <u>학교 식당의 비빔밥이 맛있었으니까</u>
<u>거기에서 먹고 싶어요.</u>

1) 

한국에 오다, 여행을 많이 하다

가 : ______________________.

나 : 저도요. 우리 같이 여행해요.

2) 

지난 주에 너무 힘들었다,
이번 주는 산에 안 가다

가 : 이번 주말에도 같이 등산할까요?

나 : ______________________.

3) 

작년에 고향에 안 가다,
올해는 고향에 가다

가 : 언제 고향에 가요?

나 : ______________________.

새 단어 | 시험 examination, test, 산 mountain, 고향 hometown

문법 3 V-으세요/세요 ①

1. 다음과 같이 쓰세요.
Write as follows.

	V-으세요		V-세요
읽다	읽으세요	오다	
앉다		쓰다	
입다		쉬다	
*먹다		숙제하다	
*자다		*마시다	

2. 그림을 보고 〈보기〉와 같이 쓰세요.
Look at the picture and write as shown in the example.

〈보기〉

내일 주말이다, 쉬다

가 : 이번 주에 너무 바빴어요.

나 : 내일 주말이니까 쉬세요.

1)

DK 편의점이 싸다,
거기에서 사다

가 : 어디에서 주스를 살까요?

나 : ______________________________.

2)

시간이 있다,
빨리 공부하다

가 : 내일 시험을 봐요.

나 : ______________________________.

3)

여기에 빵이 있다,
이 빵을 먹다

가 : 아침을 안 먹었어요.

나 : ______________________________.

4)

여기 물이 있다,
마시다

가 : 이 음식이 너무 매워요.

나 : 그럼 ______________________________.

새 단어 시험을 보다 to take a test

3. 그림을 보고 〈보기〉와 같이 알맞은 대답을 쓰세요.

Look at the picture and write an appropriate answer as shown in the example.

〈보기〉

타다

가 : N서울타워에 가요?

나 : 네, 타세요.

1)

여기, 앉다

가 : 할머니, ______________________.

나 : 네, 고마워요.

2)

여기, 보다

가 : ______________________.

나 : 네. '김치~'

3)

먹다

가 : 잘 먹겠습니다.

나 : 맛있게 ______________________.

4)

가다

가 : 안녕히 ______________________.

나 : 안녕히 계세요.

5)

자다

가 : 안녕히 ______________________.

나 : 잘 자요.

새 단어 | 맛있게 deliciously

문법 4 V-지 마세요

1. 다음과 같이 쓰세요.
Write as follows.

	V-지 마세요		V-지 마세요
먹다	먹지 마세요	가다	
앉다		버리다	
입다		피우다	
놀다		운동하다	

2. 그림을 보고 〈보기〉와 같이 쓰세요.
Look at the picture and write as shown in the example.

〈보기〉

휴대폰을 보다

수업 시간에 휴대폰을 보지 마세요.

1) 

친구와 이야기하다

수업 시간에 ________________________.

2) 

자다

수업 시간에 ________________________.

3) 

늦다

수업 시간에 ________________________.

4) 

그림을 만지다

박물관에서 ________________________.

5) 

게임하다

눈이 아프니까 ________________________.

새 단어 수업 class, 늦다 to be late, 그림 painting, 만지다 to touch

1-가 워크북 정답지

1과

[단어]

1. 1) 중국　2) 베트남　3) 베트남　4) 영국
 5) 미국　6) 스페인 사람　7) 멕시코 사람

2. 1) 요리사　2) 배우
 3) 기자　4) 간호사

3. 1) 선생님　2) 가수　3) 의사
 4) 학생　5) 경찰

[문법 1]

1. 1) 입니까?　2) 입니다　3) 입니까?
 4) 입니다　5) 입니까?

2. 1) 호세입니까?, 호세입니다
 2) 한국 사람입니까?, 한국 사람입니다
 3) 배우입니까?, 배우입니다
 4) 경찰입니까?, 경찰입니다

[문법 2]

1.

	N은		N는
직업	직업은	가수	가수는
경찰	경찰은	배우	배우는
한국	한국은	나라	나라는
일본	일본은	페루	페루는
베트남	베트남은	인도네시아	인도네시아는

2. 1) 은　2) 는
 3) 은, 입니다　4) 은 호세입니다

[문법 3]

1. 〈보기〉 김우진
 1) 마리아
 2) 린
 3) 경찰
 4) 의사

 이에요
 예요

2. 1) 엔흐진은 학생이에요
 2) 루이스는 요리사예요
 3) 박민지는 의사예요
 4) 판야는 회사원이에요

3. 1) 저는 마디나예요
 2) 사라 씨는 학생이에요
 3) 직업이 뭐예요?
 4) 김우진 씨는 기자예요

[문법 4]

1. 1) 이　2) 가　3) 이　4) 가　5) 이

2. 1) 몽골 사람이 아니에요
2) 러시아 사람이 아니에요
3) 요리사가 아니에요
4) 회사원이 아니에요

3. 〈보기〉 한국 사람이에요?
 1) 학생입니까?
 2) 이름이 뭐예요?
 3) 루이스 씨는 요리사입니까?
 4) 직업이 무엇입니까?

 네, 요리사입니다.
 아니요, 학생이 아닙니다.
 아니요, 한국 사람이 아니에요.
 저는 아마드예요.
 저는 배우입니다.

2과

[단어]

1. 〈보기〉 우산
 1) 휴지
 2) 모자
 3) 안경
 4) 카메라

2. 1) 노트북 2) 카드 3) 사진 4) 거울 5) 연필

3. 1) 안경, 이에요 2) 휴대폰, 이에요
3) 가방, 예요 4) 지우개, 예요
5) 거울, 이에요 6) 필통, 이에요
7) 지갑, 이에요 8) 카메라, 예요
9) 공책, 이에요

[문법 1]

3.

	O	X
책	책이 있어요	책이 없어요
친구	친구가 있어요	친구가 없어요
카드	카드가 있어요	카드가 없어요
우산	우산이 있어요	우산이 없어요
노트북	노트북이 있어요	노트북이 없어요
쓰레기통	쓰레기통이 있어요	쓰레기통이 없어요

2. 1) 휴대폰이 있어요
2) 카드가 있어요
3) 열쇠가 없어요
4) 연필이 있어요
5) 아니요, 거울이 없어요

[문법 2]

1.

	N과/와 N	N하고 N
한국, 중국	한국과 중국	한국하고 중국
휴지, 우산	휴지와 우산	휴지하고 우산
의사, 경찰	의사와 경찰	의사하고 경찰
지갑, 카메라	지갑과 카메라	지갑하고 카메라
엔흐진, 호세	엔흐진과 호세	엔흐진하고 호세

2. 1) 쓰레기통과 거울이에요.
쓰레기통하고 거울이에요.
2) 사라와 호세예요.
사라하고 호세예요.
3) 필통과 안경이 있어요.
필통하고 안경이 있어요.
4) 지우개와 연필이 있어요.
지우개하고 연필이 있어요.

[문법 3]

1. 1) 엔흐진의 안경 2) 마디나의 연필
3) 선생님의 노트북 4) 친구의 모자
5) 제 카메라

2. 1) 제 2) 장웨이 씨는 3) 선생님의

3. 1) 누구, 지갑, 서민우 씨의 지갑이에요
2) 누구, 우산, 선생님의 우산이에요
3) 누구, 공책, 무함마드 씨의 공책이에요
4) 누구의 돈이에요?, 제 돈이에요
5) 누구의 휴대폰이에요?, 제 친구의 휴대폰이에요

[문법 4]

1. 1) 그거 2) 저거 3) 이거

2. 1) 이거는 펜이에요.
2) 그거는 호세의 가방이에요.
3) 저거는 제 거울이에요.

3. 1) 저것, 저것, 지갑
2) 이것, 그것, 펜
3) 그것, 이것, 쓰레기통
4) 그것, 이것, 휴지

3과

[단어]

1. 1) 창문 2) 옷장 3) 침대 4) 의자
5) 쓰레기통 6) 책상 7) 텔레비전 8) 컴퓨터
9) 시계 10) 지도

2. 1) 앞 2) 안 3) 밖 4) 사이 5) 위
6) 아래 7) 옆 8) 왼쪽 9) 오른쪽

[문법 1]

1. 1) 마디나 씨도 회사원이에요
2) 엔흐진 씨도 학생이에요
3) 지우개도 있어요
4) 지도도 없어요
5) 펜도 있어요
6) 우산도 있어요

[문법 2]

1. 1) 저　2) 그　3) 이

2. 1) 그　2) 저　3) 이

3. 1) 그
   2) 그 책은, 이 책은
   3) 저 거울은, 저 거울은 엔흐진 씨의 거울이에요
   4) 이 휴대폰은 누구의 휴대폰이에요?
      그 휴대폰은 호세 씨의 휴대폰이에요
   5) 저 사람은, 저 사람은 사라 씨의 친구예요

[문법 3]

1. 1) 칠판 위　2) 필통 안
   3) 네, 화장실에 사람이 있어요
   4) 아니요, 방에 사람이 없어요

2. 1) 필통 안에　2) 책상 오른쪽 옆에 / 책상 옆에
   3) 가방이 없어요　4) 쓰레기통이 없어요

[단어]

1. 1) 둘　2) 셋　3) 넷　4) 다섯
   5) 여섯　6) 일곱　7) 여덟　8) 아홉
   9) 열하나　10) 열둘　11) 열셋　12) 열넷
   13) 열다섯　14) 열여섯　15) 열일곱　16) 열여덟
   17) 스물

[문법 4]

1.

N 개
안경
가방　우산
시계　지우개

N 명
사람
친구

N 권
책
공책

N 대
카메라
텔레비전
컴퓨터

2. 1) 권, 책이 다섯 권 있어요
   2) 몇 개, 모자가 세 개 있어요
   3) 몇 대 있어요?, 노트북이 두 대 있어요
   4) 친구가 몇 명 있어요?
      친구가 열 명 있어요

4과

[단어]

1. 1) 식당　2) 기숙사　3) 영화관　4) 백화점
   5) 공원

2. 1) 만나다　2) 운동하다　3) 먹다
   3) 보다　4) 공부하다　6) 마시다
   7) 쇼핑하다　8) 자다

[문법 1]

1.

	V-아요		V-어요		V-해요
놀다	놀아요	먹다	먹어요	공부하다	공부해요
사다	사요	쉬다	쉬어요	쇼핑하다	쇼핑해요
보다	봐요	배우다	배워요	산책하다	산책해요
자다	자요	마시다	마셔요	여행하다	여행해요

2. 1) 놀아요　2) 봐요　3) 배워요
   4) 마셔요　5) 쉬어요　6) 운동해요

[문법 2]

1.

	N을		N를
가방	가방을	카드	카드를
지갑	지갑을	휴지	휴지를
필통	필통을	모자	모자를
안경	안경을	카메라	카메라를
쓰레기통	쓰레기통을	지우개	지우개를

2. 1) 를　2) 을　3) 을
   4) 을　5) 를　6) 을

3. 〈보기〉 책 — 읽다 → 책을 읽어요.
   1) 잠 — 자다 → 잠을 자요.
   2) 텔레비전 — 보다 → 텔레비전을 봐요.
   3) 친구 — 만나다 → 친구를 만나요.
   4) 쇼핑 — 하다 → 쇼핑을 해요.

[문법 3]

1. 1) 서점에서 2) 영화관에서
   3) 백화점에서 4) 도서관에서

2. 1) 에서 2) 에 3) 에서
   4) 에서 5) 에서 6) 에

3. 1) ① 기숙사에서 공부를 해요
   ② 기숙사에서 거울을 봐요
   ③ 기숙사에서 요리를 해요
   2) ① 공원에서 놀아요
   ② 공원에서 산책을 해요
   ③ 공원에서 책을 읽어요
   3) ① 커피숍에서 커피를 마셔요
   ② 커피숍에서 노트북을 해요
   ③ 커피숍에서 친구를 만나요

[문법 4]

1.

	안V	V-지 않다
먹다	안 먹다	먹지 않다
보다	안 보다	보지 않다
사다	안 사다	사지 않다
읽다	안 읽다	읽지 않다
만나다	안 만나다	만나지 않다
운동하다	운동을 안 하다	운동을 하지 않다
쇼핑하다	쇼핑을 안 하다	쇼핑을 하지 않다

2. 1) 산책을 안 해요, 산책을 하지 않아요
   2) 커피를 안 마셔요, 커피를 마시지 않아요
   3) 안 자요, 자지 않아요
   4) 한국어를 안 배워요, 한국어를 배우지 않아요

3.

오늘 해요	오늘 안 해요
〈보기〉 오늘 밥을 먹어요.	오늘 산책을 안 해요.
오늘 텔레비전을 봐요.	오늘 커피를 안 마셔요.
오늘 잠을 자요.	오늘 친구를 안 만나요.
오늘 책을 읽어요.	오늘 숙제를 안 해요.
오늘 운동을 해요.	오늘 요리를 안 해요.
오늘 쇼핑을 해요.	오늘 안 쉬어요.

5과

[단어]

1. 1) 비싸다 2) 깨끗하다 3) 많다 4) 얇다
   5) 맛없다 6) 쉽다 7) 무겁다 8) 재미없다
   9) 조용하다 10) 싫다

[문법 1]

1.

	N이 A-아요/어요		N가 A-아요/어요
사람, 많다	사람이 많아요	침대, 좋다	침대가 좋아요
가방, 싸다	가방이 싸요	영화, 재미있다	영화가 재미있어요
공원, 멀다	공원이 멀어요	학교, 넓다	학교가 넓어요
집, 깨끗하다	집이 깨끗해요	기숙사, 조용하다	기숙사가 조용해요

2. 1) 맛있어요 2) 비싸요
   3) 영화가 재미없어요 4) 한국 친구가 많아요

3. 1) (예시) 도서관이 조용해요/넓어요/깨끗해요
   2) (예시) 가방이 무거워요/비싸요/가벼워요
   3) (예시) 커피가 맛있어요/맛없어요/싸요
   4) (예시) 교실이 넓어요/시끄러워요/좁아요
   5) (예시) 카메라가 좋아요/비싸요/무거워요
   6) (예시) 한국어가 재미있어요/쉬워요/어려워요
   7) (예시) 백화점이 넓어요/깨끗해요/시끄러워요

4. 1) 이 2) 좋아해요 3) 가 4) 좋아요
   5) 을 6) 좋아해요, 좋아해요 7) 이, 가
   8) 좋아해요

[문법 2]

1.

	A/V-아요/어요		A/V-아요/어요
쉽다	쉬워요	가깝다	가까워요
무겁다	무거워요	돕다	도와요
더럽다	더러워요	*입다	입어요
어렵다	어려워요	*잡다	잡아요
가볍다	가벼워요	*좁다	좁아요

2. 1) 무거워요 2) 더러워요
   3) 시끄러워요 4) 학교가 가까워요

[문법 3]

1.

	A-고 A		V-고 V
싸다, 좋다	싸고 좋아요	먹다, 놀다	먹고 놀아요
좁다, 더럽다	좁고 더러워요	마시다, 먹다	마시고 먹어요
비싸다, 맛없다	비싸고 맛없어요	쉬다, 요리하다	쉬고 요리해요
넓다, 깨끗하다	넓고 깨끗해요	운동하다, 쇼핑하다	운동하고 쇼핑해요

2. 1) 작고 2) 힘들고
3) 넓고 조용해요 4) 싸고 맛있어요

3. 책을 읽고, 자요, 물을 마시고, 휴대폰을 봐요.

[문법 4]

1.

	A-지만		V-지만
비싸다	비싸지만	자다	자지만
어렵다	어렵지만	놀다	놀지만
좁다	좁지만	배우다	배우지만
없다	없지만	공부하다	공부하지만

2. 1) 두껍지만 2) 멀지만 좋아요
3) 싸지만 맛없어요 4) 어렵지만 안 힘들어요

3. 1) 먹지만, 안 먹어요
2) 인형을 좋아하지만, 인형을 싫어해요
3) 아마다는 공부하지만 하루키는 공부하지 않아요

4. 1) 에서 2) 에 3) 와 4) 을 5) 이

5. 1) 가방이 비싸지만 귀여워요.
2) 제 친구는 공원에서 운동해요.
3) 사람이 도서관에 많아요.
4) 저는 한국 친구가 1명 있어요.
5) 저는 책을 읽고 친구는 숙제를 해요.

6과

[단어]

1. 1) 화요일이에요
2) 무슨 요일이에요, 목요일이에요.
3) 모레가 무슨 요일이에요, 금요일이에요
4) 그저께가 무슨 요일이에요, 월요일이에요

2. 1) 공일공 칠공이삼에 육구팔삼
2) 공삼일 팔오이에 공사이공이에요
3) 공이 이육팔이에 사사오칠이에요

3. 1) 교실은 이백십삼 호 2) 우리 집은 사백십 호예요
3) 기숙사 방이 몇 호예요, 기숙사 방은 백육 호예요

[문법 1]

1. 1) 아침 2) 오전 3) 오후 4) 저녁 5) 밤

2. 1) 여덟 시예요 2) 한 시예요
3) 일곱 시예요 4) 여섯 시예요

[문법 2]

1.

	N부터 N까지
1시, 4시	1시부터 4시까지
아침, 저녁	아침부터 저녁까지
오늘, 모레	오늘부터 모레까지
월요일, 금요일	월요일부터 금요일까지
오전 9시, 밤 10시 40분	오전 9시부터 밤 10시 40분까지

2. 1) 부터, 까지 2) 7시부터 8시까지
3) 일요일 5시부터 집에서 쉬어요

[문법 3]

1. 1) 시월 2) 시월 십구일 3) 토요일
4) 이십오일 5) 다음 주

[문법 4]

1.

	N에		N
아침	아침에	*오늘	오늘
1시	1시에	*내일	내일
생일	생일에	*지금	지금
이번 주	이번 주에	*모레	모레
다음 달	다음 달에	*매일	매일

2. 1) 모레 2) 금요일 3) 주말
1) 모레 쇼핑을 해요
2) 금요일에 커피숍에서 공부해요
3) 주말에 친구 집에서 놀아요

3. 1) 화요일 오후에 친구를 만나요
2) 수요일 오전에 도서관에서 공부해요
3) 목요일 저녁하고 금요일 밤에 운동해요

4) 집에서 쉬어요
5) 토요일에 쇼핑해요

7과

[단어]

1. 1) 눈　2) 코　3) 배　4) 다리　5) 발　6) 손　7) 허리
8)팔　9) 목　10) 입　11) 귀　12) 얼굴　13) 몸

2. 1) 아프다　2) 예쁘다　3) 배고프다　4) 바쁘다
5) 슬프다　6) 쓰다　7) 나쁘다

[문법 1]

1.

	N에 가다	N에 오다
학교	학교에 가다	학교에 오다
기숙사	기숙사에 가다	기숙사에 오다
백화점	백화점에 가다	백화점에 오다
공원	공원에 가다	공원에 오다

2. 1) 영화관에 가요
2) 어디에 가요, 서점에 가요
3) 은행에 가요, 은행에 가요

3. 1) 회사에 와요　2) 집에 와요　3) 커피숍에 와요

[문법 2]

1.

	V-을까요?		V-ㄹ까요?
먹다	먹을까요?	가다	갈까요?
읽다	읽을까요?	쓰다	쓸까요?
잡다	잡을까요?	배우다	배울까요?
입다	입을까요?	산책하다	산책할까요?

2. 1) 먹을까요　2) 쇼핑할까요
3) 도서관에 갈까요　4) 여행할까요

[문법 3]

1.

	A/V-아요		A/V-어요
바쁘다	바빠요	크다	커요
나쁘다	나빠요	쓰다	써요
아프다	아파요	예쁘다	예뻐요
배고프다	배고파요	슬프다	슬퍼요

2. 1) 예뻐요　2) 커요　3) 배고파요
4) 나빠요　5) 다리가 아파요

[문법 4]

1.

	A/V-았어요		A/V-었어요
놀다	놀았어요	읽다	읽었어요
사다	샀어요	맛있다	맛있었어요
보다	봤어요	마시다	마셨어요
	-했어요	*크다	컸어요
운동하다	운동했어요	*예쁘다	예뻤어요
깨끗하다	깨끗했어요	*쉽다	쉬웠어요

	N이었어요		N였어요
회사원	회사원이었어요	1시	1시였어요
월요일	월요일이었어요	의사	의사였어요

2. 1) 갔어요　2) 먹었어요　3) 마셨어요
4) 맛있었어요　5) 샀어요　6) 귀여웠어요
7) 왔어요　8) 아팠어요

3. (예시) 1) 어제 공원에 갔어요, 공원에서 운동했어요, 힘들었어요
(예시) 2) 작년에 고향에 갔어요, 고향에서 친구를 만났어요, 재미있었어요
(예시) 3) 지난달에 백화점에 갔어요, 백화점에서 쇼핑했어요, 물건이 비쌌어요

8과

[단어]

1. 1) 백이십사　2) 오천십사
3) 이만이백사십　4) 십만오천칠백팔
5) 사백육십칠만팔천구십　6) 육천오백사십만삼백팔십
7) 구억팔천칠백오십육만오천

2. 1) 삼천오백 원　2) 이천칠백 원
3) 오천오백 원　4) 사천팔백 원

3. 1) 그릇, 짜장면 한 그릇은 육천 원이에요
2) 인분, 삼겹살 일 인분은 만 천 원이에요
3) 인분, 된장찌개 일 인분은 구천 원이에요
4) 조각, 피자 한 조각은 팔천 원이에요
5) 병, 주스 한 병은 사천오백 원이에요
6) 잔, 우유 한 잔은 이천 원이에요
7) 병, 맥주 한 병은 사천 원이에요

[문법 1]

1.

	V-고 싶다		V-고 싶다
읽다	읽고 싶다	보다	보고 싶다
입다	입고 싶다	쓰다	쓰고 싶다
놀다	놀고 싶다	공부하다	공부하고 싶다

2. 1) 피곤해요?, 집에서 쉬고 싶어요
   2) 배고파요?, 빨리 밥을 먹고 싶어요
   3) 배가 아파요?, 화장실에 가고 싶어요

3. 1) 어려워요. 읽고 싶지 않아요
   2) 매워요. 비빔밥을 먹고 싶지 않아요

4. 1) 보고 싶어요
   2) 마시고 싶어 해요
   3) 가고 싶어 해요
   4) 앉고 싶어 해요
   5) 가고 싶어요

5. 1) 영화를 봐요. 호세 씨가 영화를 보고 싶어 해요
   2) 백화점에 가요. 아마드 씨가 옷을 사고 싶어 해요
   3) 공원에 가요. 친구가 자전거를 타고 싶어 해요
   4) 서울에 갔어요. 친구가 명동에 가고 싶어 했어요

[문법 2]

1.

	A/V-으니까	A/V-니까
앉다	앉으니까	앉았으니까
읽다	읽으니까	읽었으니까
맛없다	맛없으니까	맛없었으니까
*맵다	매우니까	매웠으니까
*가깝다	가까우니까	가까웠으니까
	A/V-니까	A/V-았/었으니까
보다	보니까	봤으니까
바쁘다	바쁘니까	바빴으니까
예쁘다	예쁘니까	예뻤으니까
배고프다	배고프니까	배고팠으니까
피곤하다	피곤하니까	피곤했으니까

	N이니까	N이었으니까
학생	학생이니까	학생이었으니까
주말	주말이니까	주말이었으니까
	N니까	N였으니까
친구	친구니까	친구였으니까
학교	학교니까	학교였으니까

2. 1) 배고프니까 같이 밥을 먹을까요?
   2) 날씨가 좋으니까 산책할까요?
   3) 방이 더러우니까 청소할까요?
   4) 한국어가 어려우니까 같이 공부할까요?
   5) 시험이니까 도서관에 갈까요?

3. 1) 한국에 왔으니까 여행을 많이 하고 싶어요.
   2) 지난 주에 너무 힘들었으니까 이번 주는 산에 안 가고 싶어요.
   3) 작년에 고향에 안 갔으니까 올해는 고향에 가고 싶어요.

[문법 3]

1.

	V-으세요		V-세요
읽다	읽으세요	오다	오세요
앉다	앉으세요	쓰다	쓰세요
입다	입으세요	쉬다	쉬세요
*먹다	드세요	숙제하다	숙제하세요
*자다	주무세요	*마시다	드세요

2. 1) DK편의점이 싸니까 거기에서 사세요
   2) 시간이 있으니까 빨리 공부하세요
   3) 여기에 빵이 있으니까 이 빵을 드세요
   4) 여기 물이 있으니까 드세요

3. 1) 여기 앉으세요
   2) 여기 보세요
   3) 드세요
   4) 가세요
   5) 주무세요

[문법 4]

1.

	V-지 마세요		V-지 마세요
먹다	먹지 마세요	가다	가지 마세요
앉다	앉지 마세요	버리다	버리지 마세요
입다	입지 마세요	피우다	피우지 마세요
놀다	놀지 마세요	운동하다	운동하지 마세요

2. 1) 친구와 이야기하지 마세요
   2) 자지 마세요
   3) 늦지 마세요
   4) 그림을 만지지 마세요
   5) 게임하지 마세요

단국한국어 1-가 WorkBook